U0164540

心一堂術數古籍珍本叢刊

書名：章仲山嫡傳《翻卦挨星圖》《秘鈔元空秘旨》附《秘鈔天元五歌闡義》

系列：心一堂術數古籍珍本叢刊 堪輿類 無常派玄空珍秘 第二輯 207

作者：【清】章仲山撰、【清】王介如輯撰

主編、責任編輯：陳劍聰

心一堂術數古籍珍本叢刊編校小組：陳劍聰 素聞 鄒偉才 虛白盧主

出版：心一堂有限公司

通訊地址：香港九龍旺角彌敦道六一〇號荷李活商業中心十八樓〇五一〇六室

深港讀者服務中心‧中國深圳市羅湖區立新路六號羅湖商業大廈負一層〇〇八室

電話號碼：(852)67150840

網址：publish.sunyata.cc

電郵：sunyatabook@gmail.com

網店：http://book.sunyata.cc

淘寶店地址：https://shop210782774.taobao.com

微店地址：https://weidian.com/s/1212826297

臉書：https://www.facebook.com/sunyatabook

讀者論壇：http://bbs.sunyata.cc/

版次：二零一八年四月初版

平裝

定價：港幣　　　　二百八十八元正
　　　新台幣　　　一千零九十八元正

國際書號：ISBN 978-988-8316-62-5

版權所有 翻印必究

心一堂微店二維碼

心一堂淘寶店二維碼

香港發行：香港聯合書刊物流有限公司

地址：香港新界大埔汀麗路36號中華商務印刷大廈3樓

電話號碼：(852)2150-2100

傳真號碼：(852)2407-3062

電郵：info@suplogistics.com.hk

台灣發行：秀威資訊科技股份有限公司

地址：台灣台北市內湖區瑞光路七十六巷六十五號一樓

電話號碼：+886-2-2796-3638

傳真號碼：+886-2-2796-1377

網絡書店：www.bodbooks.com.tw

台灣國家書店讀者服務中心：

地址：台灣台北市中山區松江路二〇九號一樓

電話號碼：+886-2-2518-0207

傳真號碼：+886-2-2518-0778

網絡書店：http://www.govbooks.com.tw

中國大陸發行　零售：深圳心一堂文化傳播有限公司

深圳地址：深圳市羅湖區立新路六號羅湖商業大廈負一層〇〇八室

電話號碼：(86)0755-82224934

心一堂術數古籍 珍本 整理 叢刊 總序

術數定義

術數，大概可謂以「推算（推演）、預測人（個人、群體、國家等）、事、物、自然現象、時間、空間方位等規律及氣數，並或通過種種『方術』，從而達致趨吉避凶或某種特定目的」之知識體系和方法。

術數類別

我國術數的內容類別，歷代不盡相同，例如《漢書‧藝文志》中載，漢代術數有六類：天文、曆譜、五行、蓍龜、雜占、形法。至清代《四庫全書》，術數類則有：數學、占候、相宅相墓、占卜、命書、相書、陰陽五行、雜技術等，其他如《後漢書‧方術部》、《藝文類聚‧方術部》、《太平御覽‧方術部》等，對於術數的分類，皆有差異。古代多把天文、曆譜、及部分數學均歸入術數類，而民間流行亦視傳統醫學作為術數的一環；此外，有些術數與宗教中的方術亦往往難以分開。現代民間則常將各種術數歸納為五大類別：命、卜、相、醫、山，通稱「五術」。

本叢刊在《四庫全書》的分類基礎上，將術數分為九大類別：占筮、星命、相術、堪輿、選擇、三式、讖諱、理數（陰陽五行）、雜術（其他）。而未收天文、曆譜、算術、宗教方術、醫學。

術數思想與發展──從術到學，乃至合道

我國術數是由上古的占星、卜筮、形法等術發展下來的。其中卜筮之術，是歷經夏商周三代而通過「龜卜、蓍筮」得出卜（筮）辭的一種預測（吉凶成敗）術，之後歸納並結集成書，此即現傳之《易

經》。經過春秋戰國至秦漢之際，受到當時諸子百家的影響、儒家的推崇，遂有《易傳》等的出現，原本是卜筮術書的《易經》，被提升及解讀成有包涵「天地之道（理）」之學。因此，《易·繫辭傳》曰：「易與天地準，故能彌綸天地之道。」

漢代以後，易學中的陰陽學說，與五行、九宮、干支、氣運、災變、律曆、卦氣、讖緯、天人感應說等相結合，形成易學中象數系統。而其他原與《易經》本來沒有關係的術數，如占星、形法、選擇，亦漸漸以易理（象數學說）為依歸。《四庫全書·易類小序》云：「術數之興，多在秦漢以後。要其旨，不出乎陰陽五行，生尅制化。實皆《易》之支派，傅以雜說耳。」至此，術數可謂已由「術」發展成「學」。

及至宋代，術數理論與理學中的河圖洛書、太極圖、邵雍先天之學及皇極經世等學說給合，通過術數以演繹理學中「天地中有一太極，萬物中各有一太極」（《朱子語類》）的思想。術數理論不單已發展至十分成熟，而且也從其學理中衍生一些新的方法或理論，如《梅花易數》、《河洛理數》等。

及至宋代，術數理論與理學中的河圖洛書、太極圖、邵雍先天之學及皇極經世等學說給合，通過術數以演繹理學中「天地中有一太極，萬物中各有一太極」（《朱子語類》）的思想。術數理論不單已發展至十分成熟，而且也從其學理中衍生一些新的方法或理論，如《梅花易數》、《河洛理數》等。

在傳統上，術數功能往往不止於僅僅作為趨吉避凶的方術，及「能彌綸天地之道」的學問，亦有其「修心養性」的功能，「與道合一」（修道）的內涵。《素問·上古天真論》：「上古之人，其知道者，法於陰陽，和於術數。」數之意義，不單是外在的算數、歷數、氣數，而是與理學中同等的「道」、「理」--心性的功能，北宋理氣家邵雍對此多有發揮：「聖人之心，是亦數也」、「萬化萬事生乎心」、「心為太極」。《觀物外篇》：「先天之學，心法也。……蓋天地萬物之理，盡在其中矣，心一而不分，則能應萬物。」反過來說，宋代的術數理論，受到當時理學、佛道及宋易影響，認為心性本質上是等同天地之太極。天地萬物氣數規律，能通過內觀自心而有所感知，即是內心也已具備有術數的推演及預測、感知能力；相傳是邵雍所創之《梅花易數》，便是在這樣的背景下誕生。

《易·文言傳》已有「積善之家，必有餘慶；積不善之家，必有餘殃」之說，至漢代流行的災變說及讖緯說，我國數千年來都認為天災，異常天象（自然現象），皆與一國或一地的施政者失德有關；下

心一堂術數古籍珍本叢刊

二

至家族、個人之盛衰，也都與一族一人之德行修養有關。因此，我國術數中除了吉凶盛衰理數之外，人心的德行修養，也是趨吉避凶的一個關鍵因素。

術數與宗教、修道

在這種思想之下，我國術數不單只是附屬於巫術或宗教行為的方術，又往往是一種宗教的修煉手段──通過術數，以知陰陽，乃至合陰陽（道）。「其知道者，法於陰陽，和於術數。」例如，「奇門遁甲」術中，即分為「術奇門」與「法奇門」兩大類。「法奇門」中有大量道教中符籙、手印、存想、內煉的內容，是道教內丹外法的一種重要外法修煉體系。甚至在雷法一系的修煉上，亦大量應用了術數內容。此外，相術、堪輿術中也有修煉望氣（氣的形狀、顏色）的方法；堪輿家除了選擇陰陽宅之吉凶外，也有道教中選擇適合修道環境（法、財、侶、地中的地）的方法，以至通過堪輿術觀察天地山川陰陽之氣，亦成為領悟陰陽金丹大道的一途。

易學體系以外的術數與的少數民族的術數

我國術數中，也有不用或不全用易理作為其理論依據的，如揚雄的《太玄》、司馬光的《潛虛》。也有一些占卜法、雜術不屬於《易經》系統，不過對後世影響較少而已。

外來宗教及少數民族中也有不少雖受漢文化影響（如陰陽、五行、二十八宿等學說。）但仍自成系統的術數，如古代的西夏、突厥、吐魯番等占卜及星占術，藏族中有多種藏傳佛教占卜術、苯教占卜術、擇吉術、推命術、相術等；北方少數民族有薩滿教占卜術；不少少數民族如水族、白族、布朗族、佤族、彝族、苗族等，皆有占雞（卦）草卜、雞蛋卜等術，納西族的占星術、占卜術，彝族畢摩的推命術、占卜術……等等，都是屬於《易經》體系以外的術數。相對上，外國傳入的術數以及其理論，對我國術數影響更大。

曆法、推步術與外來術數的影響

我國的術數與曆法的關係非常緊密。早期的術數中，很多是利用星宿或星宿組合的位置（如某星在某州或某宮某度）付予某種吉凶意義，并據之以推演，例如歲星（木星）、月將（某月太陽所躔之宮次）等。不過，由於不同的古代曆法推步的誤差及歲差的問題，若干年後，其術數所用之星辰的位置，已與真實星辰的位置不一樣了；此如歲星（木星），早期的曆法及術數以十二年為一周期（以應地支），與木星真實周期十一點八六年，每幾十年便錯一宮。後來術家又設一「太歲」的假想星體來解決，是歲星運行的相反，週期亦剛好是十二年。而術數中的神煞，很多即是根據太歲的位置而定。又如六壬術中的「月將」，原是立春節氣後太陽躔娵訾之次而稱作「登明亥將」，至宋代，因歲差的關係，要到雨水節氣後太陽才躔娵訾之次，當時沈括提出了修正，但明清時六壬術中「月將」仍然沿用宋代沈括以前的起法沒有再修正。

由於以真實星象周期的推步術是非常繁複，而且古代星象推步術本身亦有不少誤差，大多數術數除依曆書保留了太陽（節氣）、太陰（月相）的簡單宮次計算外，漸漸形成根據干支、日月等的各自起例，以起出其他具有不同含義的眾多假想星象及神煞系統。唐宋以後，我國絕大部分術數都主要沿用這一系統，也出現了不少完全脫離真實星象的術數，如《子平術》、《紫微斗數》、《鐵版神數》等。後來就連一些利用真實星辰位置的術數，如《七政四餘術》及選擇法中的《天星選擇》，也已與假想星象及神煞混合而使用了。

隨着古代外國曆（推步）、術數的傳入，如唐代傳入的印度曆法及術數，元代傳入的回回曆等，其中我國占星術便吸收了印度占星術中羅睺星、計都星等而形成四餘星，又通過阿拉伯占星術而吸收了其中來自希臘、巴比倫占星術的黃道十二宮、四大（四元素）學說（地、水、火、風），並與我國傳統的二十八宿、五行說、神煞系統並存而形成《七政四餘術》。此外，一些術數中的北斗星名，不用我國傳統的星名：天樞、天璇、天璣、天權、玉衡、開陽、搖光，而是使用來自印度梵文所譯的：貪狼、巨

門、祿存、文曲、廉貞、武曲、破軍等，此明顯是受到唐代從印度傳入的曆法及占星術所影響。如星命術中的《紫微斗數》及堪輿術中的《撼龍經》等文獻中，其星皆用印度譯名，置閏之法則改用西法「定氣」。清代以後的術數，又作過不少的調整。及至清初《時憲曆》，

此外，我國相術中的面相術、手相術，唐宋之際受印度相術影響頗大，至民國初年，又通過翻譯歐西、日本的相術書籍而大量吸收歐西相術的內容，形成了現代我國坊間流行的新式相術。

陰陽學——術數在古代、官方管理及外國的影響

術數在古代社會中一直扮演着一個非常重要的角色，影響層面不單只是某一階層、某一職業、某一年齡的人，而是上自帝王，下至普通百姓，從出生到死亡，不論是生活上的小事如洗髮、出行等，大事如建房、入伙、出兵等，從個人、家族以至國家，從天文、氣象、地理到人事、軍事，從民俗、學術到宗教，都離不開術數的應用。我國最晚在唐代開始，已把以上術數之學，稱作陰陽（學），行術數者稱陰陽人。（敦煌文書、斯四三二七唐《師師漫語話》：「以下說陰陽人謾語話」，此說法後來傳入日本，今日本人稱行術數者為「陰陽師」）。一直到了清末，欽天監中負責陰陽術數的官員中，以及民間術數之士，仍名陰陽生。

古代政府的中欽天監（司天監），除了負責天文、曆法、輿地之外，亦精通其他如星占、選擇、堪輿等術數，除在皇室人員及朝庭中應用外，也定期頒行日書、修定術數，使民間對於天文、日曆用事吉凶及使用其他術數時，有所依從。

我國古代政府對官方及民間陰陽學及陰陽官員，從其內容、人員的選拔、培訓、認證、考核、律法監管等，都有制度。至明清兩代，其制度更為完善、嚴格。

宋代官學之中，課程中已有陰陽學及其考試的內容。（宋徽宗崇寧三年〔一一零四年〕崇寧算學令：「諸學生習……並曆算、三式、天文書。」「諸試……三式即射覆及預占三日陰陽風雨。天文即預

定一月或一季分野災祥，並以依經備草合問為通。」

金代司天臺，從民間「草澤人」（即民間習術數人士）考試選拔：「其試之制，以《宣明曆》試推步，及《地理新書》試合婚、安葬，並《易》筮法、六壬課、三命、五星之術。」（《金史》卷五十一·志第三十二·選舉一）

元代為進一步加強官方陰陽學對民間的影響、管理、控制及培育，除沿襲宋代、金代在司天監掌管陰陽學及中央的官學陰陽學課程之外，更在地方上增設陰陽學課程（《元史·選舉志一》：「世祖至元二十八年夏六月始置諸路陰陽學。」）地方上也設陰陽學教授員，培育及管轄地方陰陽人。（《元史·選舉志一》：「（元仁宗）延祐初，令陰陽人依儒醫例，於路、府、州設教授員，凡陰陽人皆管轄之，而上屬於太史焉。」）自此，民間的陰陽術士（陰陽人），被納入官方的管轄之下。

至明清兩代，陰陽學制度更為完善。中央欽天監掌管陰陽學，明代地方縣設陰陽學正術，各州設陰陽學典術，各縣設陰陽學訓術。陰陽人從地方陰陽學肄業或被選拔出來後，再送到欽天監考試。（《大明會典》卷二二三：「凡天下府州縣舉到陰陽人堪任正術等官者，俱從吏部送（欽天監），考中，送回選用；不中者發回原籍為民，原保官吏治罪。」）清代大致沿用明制，凡陰陽術數之流，悉歸中央欽天監及地方陰陽官員管理、培訓、認證。至今尚有「紹興府陰陽印」、「東光縣陰陽學記」等明代銅印，及某某縣某某之清代陰陽執照等傳世。

清代欽天監漏刻科對官員要求甚為嚴格。《大清會典》「國子監」規定：「凡算學之教，設肄業生。滿洲十有二人，蒙古、漢軍各六人，於各旗官學內考取。漢十有二人，於舉人、貢監生童內考取。附學生二十四人，由欽天監選送。教以天文演算法諸書，五年學業有成，舉人引見以欽天監博士用，貢監生童以天文生補用。」學生在官學肄業、貢監生肄業或考得舉人後，經過了五年對天文、算法、陰陽學的學習，其中精通陰陽術數者，會送往漏刻科。而在欽天監供職的官員，《大清會典則例》「欽天監」規定：「本監官生三年考核一次，術業精通者，保題升用。不及者，停其升轉，再加學習。如能黽

勉供職，即予開復。仍不及者，降職一等，再令學習三年，能習熟者，准予開復，仍不能者，黜退。」

除定期考核以定其升用降職外，《大清律例》中對陰陽術士不準確的推斷（妄言禍福）是要治罪的。《大清律例．一七八．術七．妄言禍福》：「凡陰陽術士，不許於大小文武官員之家妄言禍福，違者杖一百。其依經推算星命卜課，不在禁限。」大小文武官員延請的陰陽術士，自然是以欽天監漏刻科官員或地方陰陽官員為主。

官方陰陽學制度也影響鄰國如朝鮮、日本、越南等地，一直到了民國時期，鄰國仍然沿用着我國的多種術數。而我國的漢族術數，在古代甚至影響遍及西夏、突厥、吐蕃、阿拉伯、印度、東南亞諸國。

術數研究

術數在我國古代社會雖然影響深遠，「是傳統中國理念中的一門科學，從傳統的陰陽、五行、九宮、八卦、河圖、洛書等觀念作大自然的研究。……傳統中國的天文學、數學、煉丹術等，要到上世紀中葉始受世界學者肯定。可是，術數還未受到應得的注意。術數在傳統中國科技史、思想史，文化史、社會史，甚至軍事史都有一定的影響。……更進一步了解術數，我們將更能了解中國歷史的全貌。」（何丙郁《術數、天文與醫學中國科技史的新視野》，香港城市大學中國文化中心。）

可是術數至今一直不受正統學界所重視，加上術家藏秘自珍，又揚言天機不可洩漏，「（術數）乃吾國科學與哲學融貫而成一種學說，數千年來傳衍嬗變，或隱或現，全賴一二有心人為之繼續維繫，賴以不絕，其中確有學術上研究之價值，非徒癡人說夢，荒誕不經之謂也。其所以至今不能在科學中成立一種地位者，實有數因。蓋古代士大夫階級目醫卜星相為九流之學，多恥道之；而發明諸大師又故為惝恍迷離之辭，以待後人探索；間有一二賢者有所發明，亦秘莫如深，既恐洩天地之秘，復恐譏為旁門左道，始終不肯公開研究，成立一有系統說明之書籍，貽之後世。故居今日而欲研究此種學術，實一極困難之事。」（民國徐樂吾《子平真詮評註》，方重審序）

現存的術數古籍，除極少數是唐、宋、元的版本外，絕大多數是明、清兩代的版本。其內容也主要是明、清兩代流行的術數，唐宋或以前的術數及其書籍，大部分均已失傳，只能從史料記載、出土文獻、敦煌遺書中稍窺一鱗半爪。

術數版本

坊間術數古籍版本，大多是晚清書坊之翻刻本及民國書賈之重排本，其中豕亥魚魯，或任意增刪，往往文意全非，以至不能卒讀。現今不論是術數愛好者，還是民俗、史學、社會、文化、版本等學術研究者，要想得一常見術數書籍的善本、原版，已經非常困難，更遑論如稿本、鈔本、孤本等珍稀版本。

在文獻不足及缺乏善本的情況下，要對術數的源流、理法、及其影響，作全面深入的研究，幾不可能。

有見及此，本叢刊編校小組經多年努力及多方協助，在海內外搜羅了二十世紀六十年代以前漢文為主的術數類善本、珍本、鈔本、孤本、稿本、批校本等數百種，精選出其中最佳版本，分別輯入兩個系列：

一、心一堂術數古籍珍本叢刊
二、心一堂術數古籍整理叢刊

前者以最新數碼（數位）技術清理、修復珍本原本的版面，更正明顯的錯訛，部分善本更以原色彩色精印，務求更勝原本。并以每百多種珍本、一百二十冊為一輯，分輯出版，以饗讀者。

後者延請、稿約有關專家、學者，以善本、珍本等作底本，參以其他版本，古籍進行審定、校勘、注釋，務求打造一最善版本，方便現代人閱讀、理解、研究等之用。

限於編校小組的水平，版本選擇及考證、文字修正、提要內容等方面，恐有疏漏及舛誤之處，懇請方家不吝指正。

心一堂術數古籍　珍本　叢刊編校小組

二零零九年七月序
二零一四年九月第三次修訂

元空秘旨 附翻卦挨星圖

光緒己卯二月錄於平梁署

元空秘旨

目講禪師著　　　　無心道人解

元空者倒地翻天隨時變易之元機也目講深得其
奧作此秘旨闡發青囊天玉之至理九星雙起之元
關辨吉凶定盛衰發皆中節靈如桴鼓真理氣之金
針也

不知變易但如不易九星八卦皆空不識三般那識兩
片凡屬五行盡錯顛之倒之轉禍福於指掌之間左換
右換辨吉凶於毫芒之際一天星斗運用正在中央九

曜干支旋轉由乎北極

此言元空大卦陰陽五行縱橫顛倒變化不測毫釐
千里甚屬元微目講恐讀者無所適從又將眾星旋
轉之機以示之謂眾星之所以旋轉也其機在乎北
極陰陽之所以顛倒也其樞在乎三般讀者當細繹
揣之則縱橫顛倒之機隨時變易之理自古得而知
矣

夫婦相逢於道路却嫌阻隔不通情兒孫盡在於門庭
猶恐兒頑非孝義

相逢者即山上水裏陰陽相見配合生生之謂也相
見而得其所自有福祿之蔭相見而不得其所便是
禍咎之根用法即得是方或逢形勢反背水法傾流
似是而非定有阻隔乖頑之更變矣
此節及下文總言山上水裏挨星得失之元微其中
奧妙全在說卦以推氣用卦以明理繫詞以辯吉凶
因形察氣因氣求形以推休咎也
卦爻雜亂異姓同居吉凶相併螟蛉為嗣
出卦則卦氣雜亂雜亂則龍神交戰交戰雜亂自有

目為心性喜流動兌為金為少女為妾性愛驕奢離

達於諸侯者也止伏相投自有泉石之癖離為火為

止者不事王侯高尚之士也伏者山林隱逸不求聞

艮為山止也陽在上則止巽為風入也陰在下則伏

必犯徒流雷出地而相冲定遭桎梏

八代之文章胃入斗牛積千箱之玉帛雞交鼠而傾瀉

山風值而泉石膏肓午酉逢而江湖花柳星連奎壁啟

言所謂用得即是相見用失便是謂反吟

此應　雜亂指干支方位而言相併指挨星反伏而

麗也一陰附於陽則喜兌說也少陰出於陽則說離
兌相逢故有江湖花柳之應也星應日司文章翰墨
之神躔於奎璧定卜文才傑出胃為土主倉廩五穀
之府躔於牛斗定致千箱之積兌如加坎或傾瀉奔
流一遇歲君徒流不免震若交坤或相冲相射年逢

三碧桎梏難逃

火若尅金兼化木數經回祿之災土能制水復生金定

主田庄之富木見火而生聰明奇士火見土而出愚鈍

頑夫無室家之相依奔走於東西道路鮮姻緣之作合

寄食於南北人家

此節專言生尅制化之理妙在山水峯巒五星九星

正變之象辨別清楚再辨元空隨時變易之機往來

進退之理認得分明當補者補當瀉者瀉制化得宜

自能得心應手稍有偏勝定見榮枯理之必然者也

如火金相剋當扶水以尅之或培土以泄之乃是扶

金壯水之至理若反以木助火火藉風而愈熾木生

火而愈旺回祿難逃土尅水則水自涸得金曜重重

洩土壯水自有田庄之富所謂強者宜洩弱者宜扶

即同此意火由木出母子相得木火通明定多聰俊

土本火生太過則火炎土燥自產頑愚男以女為室

女以男為家無家無室是言孤陰孤陽無所依靠故

言奔走寄食於東西南北也

男女多情無媒妁而為私合陰陽相見遇寬譬則反無

情惟正配而一交有夢蘭之兆得干神之雙至多折桂

之英

多情言山形水勢相得之情媒妁謂立穴定向之得

宜如立穴定向少有差錯猶男女不用媒妁便為私

合陰陽雖得相見遇反伏冲尅上山下水顛倒誤用

反恩為讐定見災殃雙至即干支品配得宜山上水

裏排來都吉之謂也此即青囊所謂四神第一者是

也

陰神滿地成羣紅粉場中快活火曜聯珠相遇青雲路

上逍遙非類相從家多淫亂姻親相合世出賢良

四七九二為陰神諸星重疊於水口三义或值門方

向首男女貪淫火曜即尖秀挺拔之峯排立於主山

朝案用又得一六連珠之妙自能早登科第得志於

當時也所云相從相合者總言山上水裏之元空及

方位干支清純錯雜之應驗耳

負棟入南離亞見廳堂再煥驅車朝北闕時聞丹詔頻

　　　　三　　　　　　九　　　　　　　　六　一

來全無生氣入門糧廒一宿會有旺神到穴富積千箱

負者排也挨也挨排震木加於離火出乎震者復相

見乎離故有廳堂之再煥乾金排於坎水成乎地者

又生乎天天地生生不息定主丹詔頻來無生氣有

旺神總言宜生不宜尅宜旺不宜衰此亦趨旺避衰

之最要者也

相尅而有相濟之功先天之乾坤大定相生而有相凌

之害後天之金水交併

此言河圖洛書先天後天陰陽變易之機五行顛倒

之氣顛倒變易相尅相生乃陰陽五行自然之理也

且先天主體後天主用為體者不可以用言為用者

不可以體言所謂先後八卦體用咸明者此也

木傷土而金位重重禍須有救火制金而水神疊疊災

亦能襄土涸水而木旺無妨金伐木而火燚無忌

此節申言生尅制化得宜之妙必須形氣兼看方得

制化之精微如形合而氣不合或氣合而形不合稍

偏勝制化雖得亦見榮枯理勢之必然者也

忌神旺而制神衰乃入室以操戈吉神衰而凶神旺直

開門而揖盜

尅我者謂之忌神制神即制尅我之神也旺者強也

衰者弱也制尅無權定見操戈之患吉不敵凶自有

揖盜之災要之一貴當權諸凶咸服眾凶尅主獨力

難支此亦扶生制尅之一法也

重重尅入立見死亡位位生來連添喜氣不尅我而尅

我同類多鰥寡孤獨之人不生我而生我家人出俊秀
聰明之士

生則不尅尅則不生陰陽五行自然之理也所云位
位重重指方水口而言門方水口有生入尅入之利
害同類家人指干支卦爻而言干支卦爻有正尅傍
尅之吉凶一生一尅一正一傍應驗各殊讀者當察
五行之情性山水之形勢去來得失之間趨生避死
迎旺去衰自無死傷孤寡之患矣

為父所尅男不招兒為母所傷女難得嗣後人不肖因

生方之反背無情賢嗣承宗緣生位之端方朝揖

木受金尅長子難招水被土傷次無子嗣皆指元空

而言非指方位所云朝揖反背蓋言山水之情形生

方旺方是言挨星之得失生方果有真情相向并有

朝揖情形兒孫定多賢良定多孝友此即因形察氣

因氣求形之一法總之無形無氣無理而推休咎方

能一毫不爽耳

我尅彼而竟遭其辱為財帛以喪身我生之而反受其

映因產難而致死

生之太過反主死傷尅之太急反遭其辱均由形氣

乖庚之故所謂過猶不及者此也

腹多水而膨脹足見金而蹣跚巽宮水路纏乾主有弔

楔之厄兌位明堂破震定生吐血之災風行地而硬直

難當室有欺姑之婦火燒天而張牙相鬪家生罵父之

兌

坤為腹為土土衰不能制水自有膨脹之疾震為足

為木為肝肝主血受乾兌金尅則木壞肝傷主足跋

吐血之症巽為長女坤為老母風行地則坤受制於

巽女更兼形勢硬直無情故有欺姑之婦乾為天為

父為金乾金受尅於離火更有張牙不遜之勢必生

不孝之兒種種不法大關風化金在立穴定向之際

斟酌得宜苟能挽逆為順實大有功於名教也

此節總言相尅之利害腹脹吐血欺姑罵父此皆形

氣相尅之應驗也讀者當細心參考務宜兼形兼氣

方得九星八卦之精微

兩局相關必生孿子孤龍單結定有獨夫

兩局指承氣收水而言孤單指地氣形勢而言此節

專言龍水濶狹厚薄之應

坎宮高塞而耳聾離位傷殘而目瞎兌缺陷而唇亡齒

寒艮破碎而筋枯唇折山地被風吹還生風疾雷風困

金死定被刀兵

坎耳離目艮手震足總兼形兼氣而占驗休咎者也

秘旨所言卦理是元空變易之卦理非南離北坎之

定位也讀者切勿誤會如坎方高塞定主耳聾離位

傷殘必多目疾兌取象於口缺陷自有唇亡齒缺之

憂艮取象於身破碎自有唇折筋枯之患艮坤為土

被巽風吹剋風疾難逃震巽為木遭乾兌金傷刀兵

必至種種均由縱橫顛倒相沖相射形氣之所應也

家有少亡只為沖殘子息卦庭無耆老都應攻破父母

爻

乾坤為父母六卦為子息此是八卦之父母也諸卦

自為母三爻為子息此一卦之父母也如元空之父

母子息則又以變易干支者為父母以何位何宮倒

地翻天者為子息所云沖殘攻破總言生氣受剋之

故耳

漏道在坎宮遺精泄血破軍居巽位顛病風狂開口筆

插於離方必落孫山之外離鄉砂飛於艮位定亡驛路

之中

漏道者是水分兩處非分浜分枝之謂也坎為水為

腎主精血是方適逢傾瀉奔流便是腎氣不固自有

遺精泄血之病其餘顛病風狂總是因形察氣之法

耳

金水多情貪花戀酒木金相反背義亡恩震庚會局文

臣而薰武將之權丁丙朝乾貴客而有者耄耋之壽夭市

合丙坤富堪敵國離壬會子癸喜產多男

金水多情木金相反是言元空老金未非東木西金

此方位震為天祿庚號武爵元空會合文武全才丁

為南極丙為太微果有真情朝拱自能貴而多壽良

為天市本主財祿又得火土相扶定然富敵王公離

壬子癸會成既濟主有多男之慶然必體得其體用

得其用方有是徵若拘拘於呆法者百無一得也

四生有合人文旺四坐無冲田宅鐃丑未換局而出僧

尼震巽失宮而生賊丐南離北坎位極中天長庚啟明

交戰四國健而動動非佳兆止而靜固不宜富並陶

朱斷是堆金積玉貴比王謝總緣喬木扶疎辛比庚而

辛更精神甲附乙而甲益靈秀癸為元龍壬號紫氣昌

盛各有攸司丙臨文曲丁近傷官人財因之耗乏

有合無冲者即彼此生生無冲射反伏之謂也東�
西金南離北坎者是言四生四旺各得其宜之妙也

健動止靜謂干支卦爻清純者為靜為止錯雜者為

動為健如論山水則又以形動者為動形靜者為靜

所謂行乎其所不得不行止乎其所不得不止氣勢

兩兼方是真動真止王謝陶朱總言砂水峯巒體用

兼得之妙也甲乙庚辛不拘來山去水方位干支須

歸一路如丙雜已丁入未不知挨星妙用而又出卦

自有偏枯耗散之病矣

見祿存瘟瘟必發遇文曲蕩子無歸值廉貞而火災頻

見逢破軍身體多虧四墓非吉陽土陰土貴前裁四生

非卤卦內卦外由我取要知禍福因由妙在天心蠡篇

此節專辯諸星之應驗諸星應驗各殊必須測氣象

辯九星察形勢看遠近再推五行生尅制化之理吉

函消長之機而言得言失言禍言福自能百不失一

陰土陽土者即借庫自庫之謂也卦內卦外者即得

失之謂也讀者須從天心顛倒之間裁取得失自無

不當耳

青囊萬卷總不出體用二字體有山水之分用有得

失之辯體有移步之不同用有隨時之更變用必依

形而顯休咎體必因氣而見吉函要之體無用不靈

用無體不驗必須形氣兩兼默參九星生尅之理以

推休咎方得體用之精微此秘旨言體言用條分縷

晰闡發精詳無微不入非深得青囊之奧河洛之理

者焉能道其隻字耶

道光癸未四月旣望二泉山右無心道人註於廣陵巴

氏樸園水木清華之閣

門人柯學熙較訂

姑蘇閶門外桐涇橋西石屑衖口

吳學圃刊刻印行

心一堂術數古籍珍本叢刊　堪輿類　無常玄空珍秘

八卦九星二十四山陰陽歌訣

乾六戌乾亥戌陰乾亥陽坎一壬子癸壬陽子癸陰艮

八丑艮寅丑陰艮寅陽震三甲卯乙甲陽卯乙陰巽四

辰巽巳辰陰巽巳陽離九丙午丁丙陽午丁陰坤二未

坤申未陰坤申陽兌七庚酉辛庚陽酉辛陰中五戊己

土隨卦定陰陽

三元九運翻卦挨星圖

上元

一

康熙二十三年起至康熙四十二年止

同治三年起至光緒九年止

上元

二

康熙四十三年起至雍正元年止

光緒十年起至光緒二十九年止

上元

三

雍正二年起至乾隆八年止
光緒三十年起至民國十二年止

中元

四

乾隆九年起至乾隆二十八年止
民國十三年起至民國三十三年止

中元

五

乾隆二十九年起至乾隆四十八年止

中元

六

乾隆四十九年起至嘉慶八年止

下元

七

嘉慶九年起至道光三年止

下元

八

道光四年起至道光二十三年止

下元

九

一

三

四

五

七

子

壬

癸

甲

乙

丙

庚

丁

午

未

申

酉

戌

亥

丑

寅

辰

巳

二十四山坐向翻卦挨星圖
上元一運

壬丙向

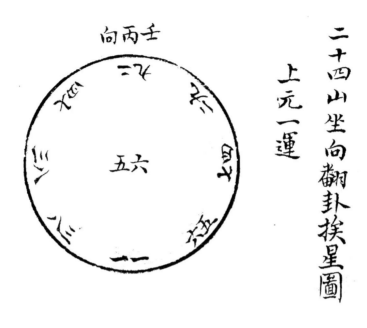

子午癸丁向

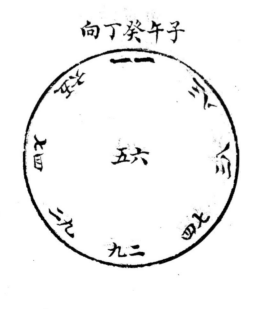

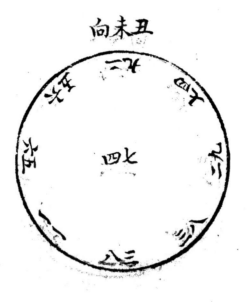

丑未向

艮坤寅申向

向庚甲

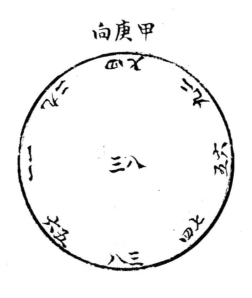

向辛乙酉卯

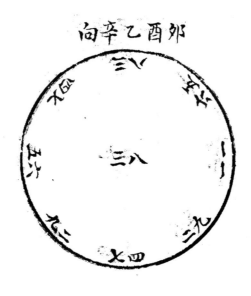

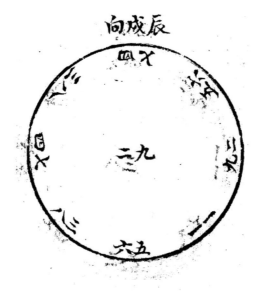

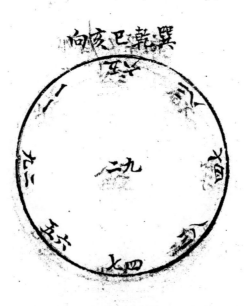

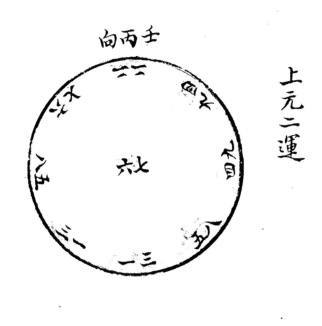

向丙壬

上元二運

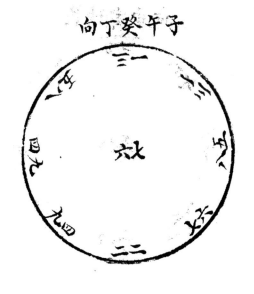

向丁癸午子

丑未向

艮坤寅申向

心一堂術數古籍珍本叢刊 堪輿類 無常玄空珍秘

向庚甲

四九

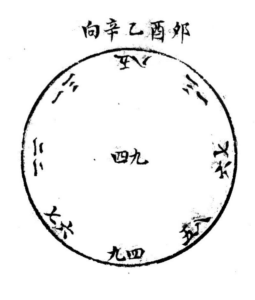

向辛乙酉卯

四九

辰戌向

巽乾巳亥向

向丙壬

上元三運

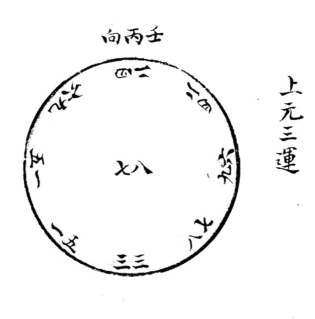

向丁癸午子

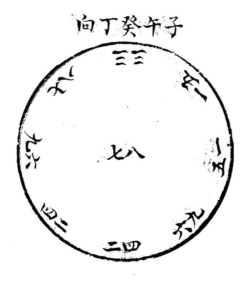

丑未向

艮坤寅申坤向

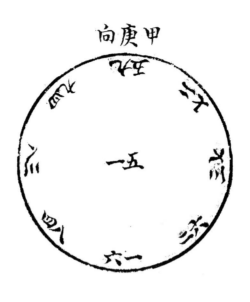

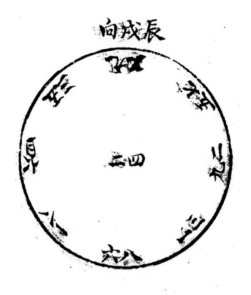

辰戌向

巽乾巳亥向

心一堂術數古籍珍本叢刊 堪輿類 無常玄空珍秘

向壬丙

中元四運

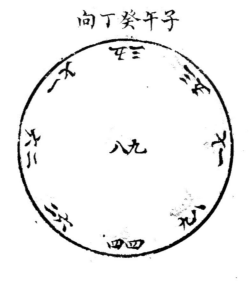

向子午癸丁

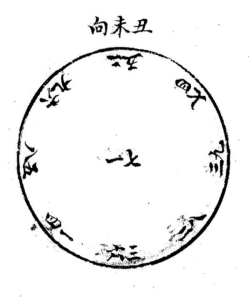

丑未向

艮坤寅申向

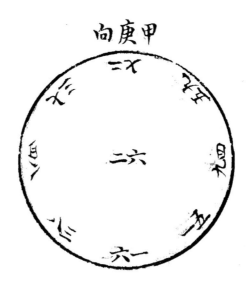

向庚甲

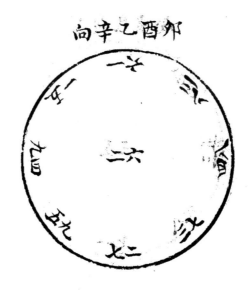

向辛乙酉卯

向戌辰

向亥巳乾巽

中元五運

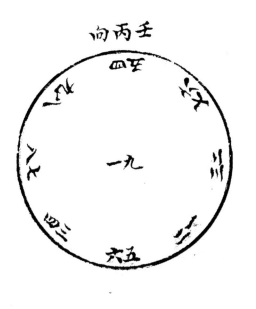

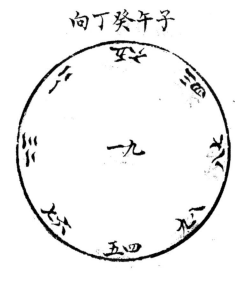

心一堂術數古籍珍本叢刊 堪輿類 無常玄空珍秘

向庚甲

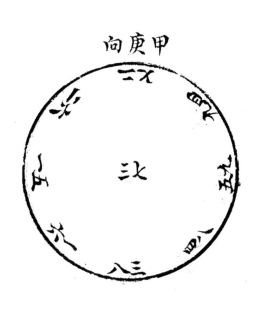

邠酉乙辛向

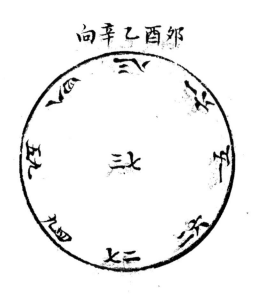

中元六運

向丙壬

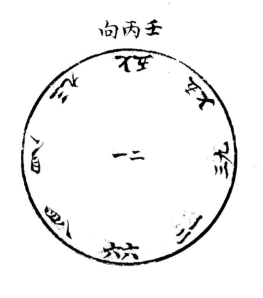

向丁癸午子

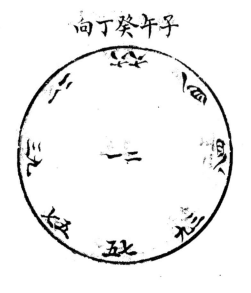

丑未向

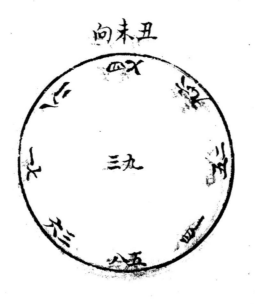

艮坤寅申向

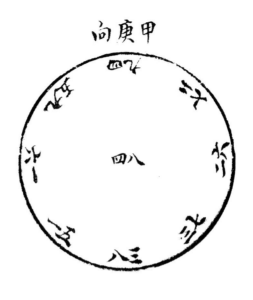

甲庚向

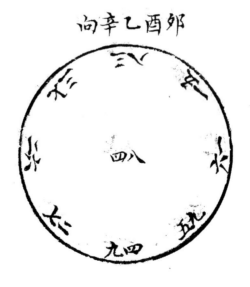

卯乙酉辛向

辰戌向

巽乾巳亥向

下元七運

向丙壬

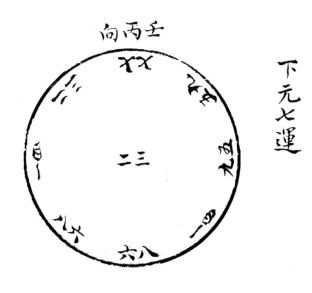

向丁癸午子

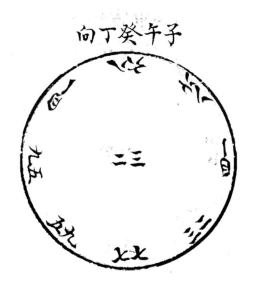

丑未向

艮寅坤申向

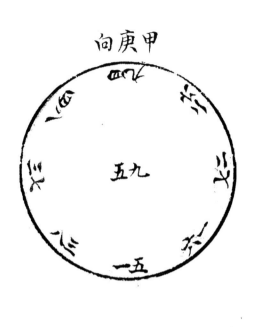

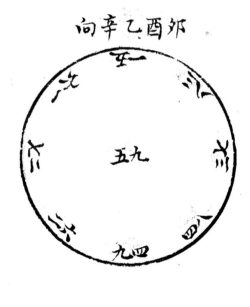

向戌辰

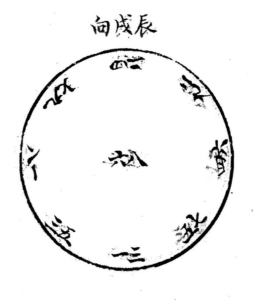

向亥巳乾巽

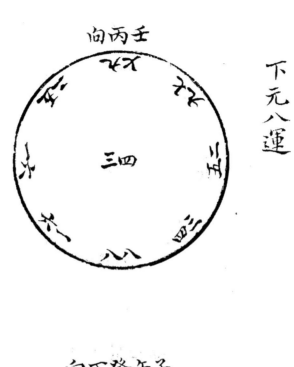

下元八運

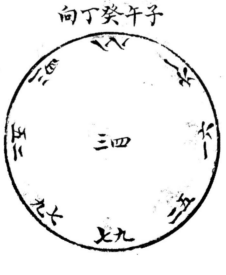

丑未向

艮坤寅申向

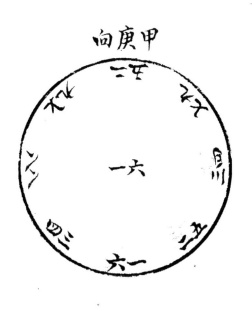

甲庚向

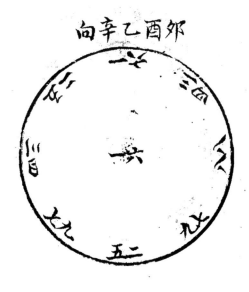

邪酉乙辛向

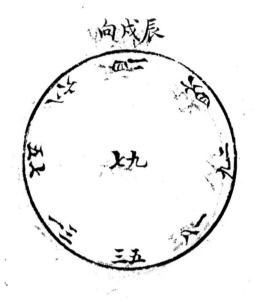

辰戌向

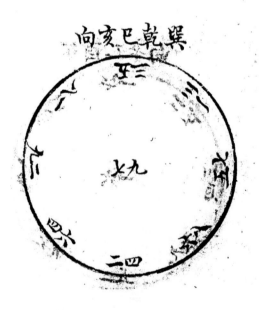

巽乾巳亥向

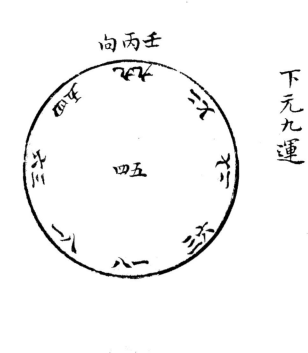

向丙壬

下元九運

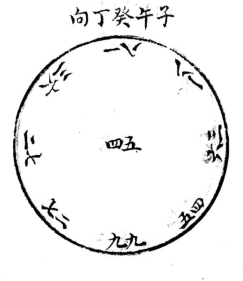

向丁癸午子

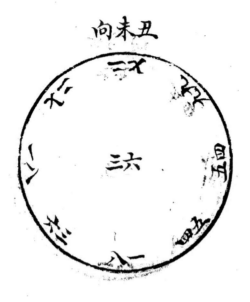

丑未向

艮坤寅申向

心一堂術數古籍珍本叢刊 堪輿類 無常玄空珍秘

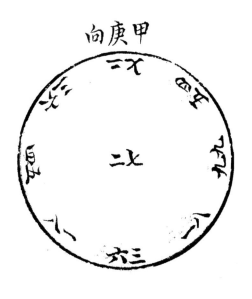

向庚甲

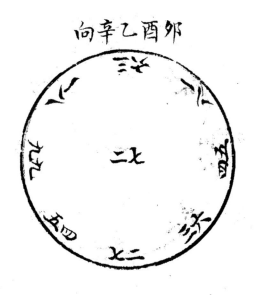

向辛乙酉卯

辰戌向

巽乾巳亥向

同治紀元逆氣初靖余閑居里門偶得地理摘

正一書見其痛詆三合長生之謬乃婿楊曾

地理元文及蔣公天元歌誺書與友人孔氏元

功互相觀摩窮較月之心力瞭中摸索妙理

樊然未能得其端緒用遂置之襄遇糟柏

斯道者指迷焉遊後棄筆遠遊久功迹別時

喉為留心探訪余所遇地師不一恆人大抵宗

三合者居多詢以三元挨星之法率皆茫然

間有法猴捆正等書以三元為是者而究其底

蘊而晦懵之幾將公流傳之法如廣陵散錄

絕矣邑邪妻庵玉平樂幕幸照錫山章承宇

生搜後之項將知著蔣正直得及天元歌闡義

諸篇之至四道人即為宇生曾祖頌其窒密

得米三元九運撲星翻卦之法另有直捷要

訣因其洩造化之秘恐蔣公諸書中必不肯

明著欲使世穎悟過人者細心然会朱自知

榛昧者非明示新雜熟能豁通再三求茭水

永三元一三運兩園等云宅断吉凶須極慶元

年四道名
甫字仲山子
雲室孫甘焕
以堪輿世其
業

空秘旨且宜阇歷前人所裁陰陽二宅即知其
乘運衰旺禍福頑驗余始怳然有所領悟遂
將三元九運演為九圖並以二十四山坐向挨法出
九宮陽順陰逆之法繪為七十二圖庶立向挨星
一目瞭然苐此係堪輿家不傳之秘只可藏
諸枕函不敢輕以示人日後回異當興兄功同
玩以旌其歲月其事揣摩之苦心且明余得
自秘得徹公同志不似俗師之懷嫉居奇深秘
不宣也

光緒己卯花朝後山陰王濬合如氏誌

壬丙　丑未　甲庚　辰戌　子午癸丁　艮坤寅申

卯酉乙辛　巽乾巳亥

乾兑為金　震巽為木　艮坤為土　離為火

坎為水

一白　二黑　三碧　四綠　五黃　六白　七赤　八白　九紫

一貪狼　二巨門　三祿存　四文曲　五廉貞　六武曲

文破軍　八輔星　九弼星

天元五歌闡義　光緒己邜二月錄於

平樂官廨

此本共六十六頁

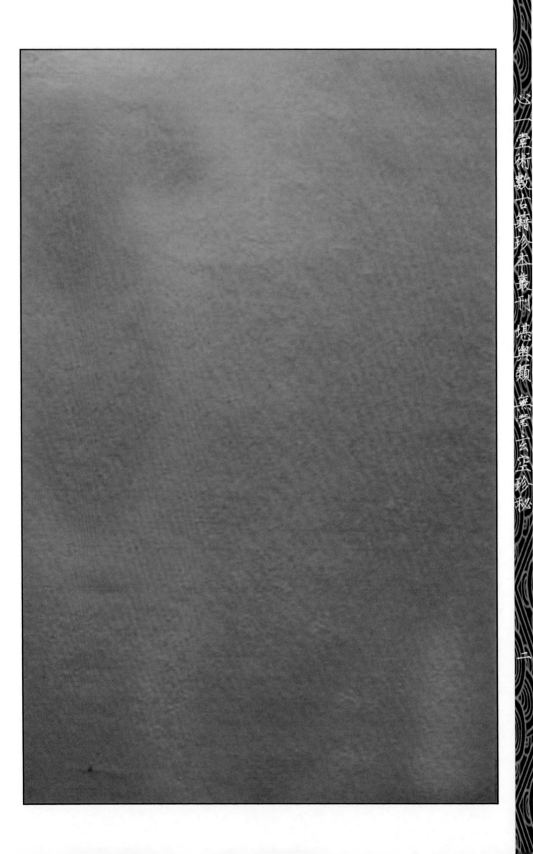

天元五歌闡義卷之一

雲間蔣大鴻氏撰

錫山无心道人注

天元歌一　總義

門人　古吳徐嘉穀
　　　湖州陳陶生
　　　長洲柯遠峰　同較
　　　金匱陶康吉
　　　　　子雲光

總義

一元浩氣涵三象混沌和開氣升降天清地濁成兩儀

陰陽互根氣來往山川土石象中氣日月星辰氣中象

二氣相抱不相離獨陰本是清陽相惟有人為萬物靈

益配乾坤彌參兩一人自具一天地卓立三才不相讓

元陽本是天中來形渾大地產根芙云人父天而母地

此是生成妙化裁天元降在地元中猶如父母精成胎

十月嬰猴非父職三年乳哺母元懷人生夲天兩親地

地雲原是天雲裁　此章言陰陽一氣天地合體地受天氣而生人推原地

氣薩人
之本

太初无形之氣始於一陽此氣浩蕩無邊包含萬象

言三象而萬象成在貫中笑混沌是清濁未分之謂

清氣卄濁氣降兩儀由此分陰陽由此運四時由此

行荣物之所以脰胎即是萬物之太初即是萬物之

一陽也地不得天則无所以成天不得地卸无所以

生天地陰陽無一息之離乃萬物生之化之之機也

且山川草木立地之有象者也而半紫秋嵐升騰橫

藏即是象中之氣日月星辰在天之有氣者也而半

狩星移弦晦朔乃星氣中之象靜與動陰與陽形

與氣上下相須而生之不息者乃天地萬物生化自

然之妙也其妙難以明言故特父母嬰胎之義以發

明之尒猶大易男女媾精萬物化生之義云爾

生時衣食居厦屋美寶地產名天祿由來宅相福生人

帝室皇居壯京國死時埋骨歸於土反本還源義汶寰

還從地氣吸天光變化蒸嘘靈金玉此章言陰陽二宅

化生
言妙

順天之氣則生逆天之氣則死乃萬物生化自然之

理也夫人之生也一呼一吸即與天地之氣息〻相

通非促生者得此以生即化者亦得此以化反本還

原端頼有形之質是以承天氣形之氣是以生質質

生氣氣生質天地合其德體用合其宜上行下效陰

陽往來變化蒸嘘子孫之休咎徑此出矣

煉陰仙實解冲虛元骨蹄解化百骸吉成龍鳳衆靈壽

凶作螻蟻諸惡毒精魂苦樂人不知但見子孫生禍福

聖賢仙佛也難逃帝王將相莫相輕多有山川來蔭應

今來古往不相饒最小千金備飯子亦沾微潤樂陶〻

不然宮祿盡絕此墓宅不奕爭秋毫此〻事言品類不齊

上文所言亦生氣者是承氣運消長之生氣也塋

承此生氣則骸骨與此氣交合結成諸般靈物若背

此生氣而亦衰退則骸骨與此衰氣交合結成諸般惡

毒是所謂氣以成形者也夫此盈虛消長之氣陰陽

往來之理雖聖賢仙佛將相帝王猶不能逃其範圍

總義

皆屬宅墓之應

況立中人以卜卦

所以聖人重此道遷遯卜筮何遽遜後來名賢朱蔡輩

煌乀書冊議最高

歷敘上下數千百年大聖大賢仰觀俯察卜筮遷遯

以證千古一法也自一行以來偽法雜出偽者淺而

易曉真者奧而難明間有知者又恐天律有禁不敢

輕洩於足大元空一法陷此而軼其說惟蔣之得無

極真傳訣辨正作五歌數幸好言發明天玉青囊之

旨天心一卦之端錯綜安易之機陰陽動靜之理幾

瞭如指掌矣

無奈瞽儒識見偏詖言求福云遠天世上惜財薄葬者

附會此説以文慳一日偷安抛父骨世代凋零百不全

直使子孫貧夭絶不孝莫大豈為隙漫椰飜根并腐骨

父母魂魄更堪憐遠棄陷人枯大不孝此皆言俗儒流弊反隙

先儒固有不信地理之説惟其德可回天天故祐之

人定勝天之理也後人慕其德而託其説矣不擇有

居而慎速卜遂致覆椰飜根諸惡畢備夫為子云

遺業當求其散葬宜安其力親安卹子安卹親

慮安矣可不慎乎可不慎乎

世間萬事皆荒唐惟有陰陽不可當不笑渠言三尺土

掌握禍福氣如炏笑人不重祖父墳只逐花開不看根

傳道乳母且相應孫子外甥如媳親墓宅吉凶較量房

新墳舊墳也相參墓宅兩興宜吳盆宅墓兩廢新人烟

宅凶墓吉兒孫慶墓凶宅吉眼前歡祖父新宅須新塋

高曾福蔭他房去寒林忽茂一枝榮若非新宅必新塋

吉少凶多福來短吉多凶少禍來輕　此事甚奇地有必應

　　　　　　　　　　　　　　　 之理墓宅新舊參

吟應驗不可以執一論

此以僧道乳母繼子外鍚甚言壙墓之應驗也銅山

西崩靈鐘東應理有固然至怪者無過新墓舊墓陰

墓陽墓頭當黃癟而新墓尤為緊要耳

更看骸骨寒與暖歲久骨枯而效緩惡山惡水倘曾埋

銷衰陰霾氣方將初喪新骨天靈完葬乘生氣朝花鮮

更遇嫩山并嫩水一紀之內錦衣還并將宅氣來相輔

卑田院裡出官班此亦遠應讖墓氣

專言歲久骨枯之處即墓吉地頭條陰寒之氣消耗

生氣方能待機新骨是一年半載三月五月之謂也

總義

再求嫩山嫩水用法得宜自然一葬便興父蔭子榮

世之白屋為鄉每多如是乃新骨而敷之在聽也

莫說生来命數秀地元之一得天星移此是正人造命訣

二十八宿掌中齊

地元者盈虛消長化生萬物之氣也壙地得此生氣

則子孫之生命亦随之而特移此即生者命從葬者

尝云說也

莫說窮通有骨相髓帨安作復龍様此是仙家換骨方

死骨不歷生骨旺圳回氣數之妙挽

此等命數之說未免太偏歷觀世家大族祖墓必

佳即傭販小康墳地亦吉大以成大小以成小古往

今來一毫不爽也并有一葬便興者有葬後不發日

而即敗者敗與興其權皆主墳地焉閟命與相也然

則世之拘泥命而不問地之可否者固非即拘泥求

地而不順天理人情之自然者亦非也

勸君大地勿誤求大形夫豈少根由縱有千山并萬水

供他穴氣不相收

山水二龍都以神氣滿足情形專一者為的所謂根

由者此也所謂相投者此也故坐下無氣精神渙散

土色無神雖有千山美水無益也

一枝一泡山龍真一鈎一曲水龍神肉眼只輕結局小

簡中生意滿乾坤

此言地不在乎大小在乎神氣而已即一枝一泡一

鈎一曲果有神氣何患乎地之小裁尚無神氣何榮

乎貴地之大裁肉眼拘、於局之大小而不察地之

生死真假者謬矣謬矣

恨殺時師不識真常將假局贈他人謀占雲壇并舊墓

壞人心術少安窀堂知吉地方之有只在眉頭眼下尋

此章戒人勿貪大屑而為假地所誤

專言有意誤人之弊明知舊墳百計謀占勸動朽板

腐骨甚至棄之清塚將數千百年古塚磨滅心術如

是非但不能招福必招奇禍於目前即經手用事之

人欲免實禍亦幾希矣至有不顧地之可否輕易遷

今祖墓而從中取利者甚有明知一葬便凶因其中

有小利可圖而不顧人者種種弊端一一指出為將

來者戒

　總義

蔣生二十歷親喪幾度拜人求吉葬家破多因買地差

身袤米為尋師浪辛遇真人零抱子授我玉函法眼藏

十年冥悟徹元微羊里探奇走烟瘴識得天元造化根

花前月下天機放

此蔣公自言得師之難身袤家破均由不得明師之

故幸遇真人於遊方之外從遊多年北走燕京南遊

烟瘴徧覽古今名墓參考互訂於窮賤之而後荒窗

月下隨手拈來無非天機妙用兩

此書不是術家書河洛龜龍太極圖羲文周孔心相契

夏禹敘箕義不磨箬鄭遺文多偽托曾楊口訣世間箬

若不傳心并傳眼青囊萬卷總模糊天涯偽遇知音箬

留取雲陽醉後歌　此章言我師自敘地學得傳之由蓋明作歌之意言而歸重於口傳心授

理氣一法原本洛書即九州井田宗廟明堂算學勾

股及堪輿醫藥卜筮之術皆由此而出故蔣公特舉

諸大聖人以證俯察之理本乎洛書之義也

天元歌二　山龍

昔日華山陳處士演成太極傳當世推原天地未分時
只有坎離水火氣二氣盤亘不相離清者為天濁者地
坎離一交成乾坤裁造大圓如泋鑄黃輿乃是泋中灰
水火煎烹積滓翳始大地山河成象誰造初
希夷先生演成太極推原天地未分其氣混沌尚有

山龍

水火二氣升降虛元亘古不離糜邊不已清濁乃分

清者升而為天濁者降而為地清濁之所以升降都

由坎離水火一息不離而能如是也故曰生天地者

此氣生萬物者此氣也

山情剛燥火所凝骨骼支撐為砥柱崑崙高頂九霄中

此足中天泰帝宮海外三山聳萬里統與此山脈絡通

陽脉束南來震旦如人正面向離風篤生聖哲臨東夏

迥與肩背不相同

此言中國大幹有三都從崑崙出脈立大江之左者

為南幹至黃河之左右者為中幹順天閩東為北幹

此三幹都是崑崙山之正面所產聖賢迥異肩背此

背面內外之別山龍平岡不可不察也

大幹三條分主輔三條後有帝王龍帝穴龍神五百里

若然百里作王以但有特龍來數里亦許功名鑄鼎鐘

此論來龍之遠近長短以辨力量之大小也

欲識龍行先識起龍若起時勢定此高山萬仞削芙蓉

此事緊言中圃
三條龍脈大勢

南嶽比十二峰峰之最高千里層巒皆俯視此龍多岳

者名祝融與芙蓉至湖南

木火形放下摩枝行八際一枝一葉有龍神正龍端向

中央去只把江南大摯看南龍起頂是黄山起南左翼

九華開內輔右冀天目厥東藩 江去浙正龍向邮神仙府

即若直到金陵龍屬蟠起江山

此言幹龍氣摯雄健成星威體者每多水火南幹之

摯出此所言九華天目是謂江浙諸山直到金陵龍

蟠屬踞方是南幹之正結

山形一起一龍分散起數多龍盖尊龍神分去旨非穴

正幹備枝力不均分宗枝幹之理其龍起祖

此章專以山形之起伏辨龍體之貴賤又辨正幹偏

枝力量之不齊此在看龍之最要者也龍以分為貴

分則粗頑之氣脫去水以聚為尊水聚則氣止氣止

水聚其情自然環向山龍平洋大勢然也凡山龍分

脈分枝必先起頂分下旁枝即為偏枝幹龍者一州

一郡或千里或數百里諸山莫高大於此山者謂之

幹或早晚有雲露生其頂者亦謂之幹幹龍氣老結

穴最少果有真結力量最大偏枝旁脈力量稍殊正

幹者即敦起數分之正脈也正脈束氣遠分氣多應驗

山龍

顽之氣食尽此之謂分夺老之分

看龍看起後看断元辰真龍断後断時百里失真蹤

穿江渡海情姜限山根委曲地中行不見仙人誰著眼

此章言真龍
断後断之妙

上文論龍之起矣此章言龍之跌断盖龍之分也必

先起而後分龍之起也必先伏而後起真龍之势望

也此章不言伏而言断者何也断也者伏而将来之

謂也伏而将来其起必雄健故伏以断為貴也

識得断龍方識結結穴元微最難說世人於穴近大山

且要案山龍扄夾堂如大山龍來歇縱有窩藏反走泄

真龍偽結曠野中踴躍奔騰不怕風兜他藏空深巖裡

也要平坡芳象空好龍勇猛向前奔從龍不及過閩門

磐若神駒日千里雖將凡馬坐其塵亦似三春柳嫩笋

從龍如箨抱其身一朝雷雨干霄長節高箨蘀不相親

時師只怪無龍扄真龍真穴中鎖會得天心龍扄時

浪打風吹皆樂土 此章言真龍結穴變化之奇 而辨時師取用外砂之謬

斷者伏也凡真龍將到結穴時必先伏而再起者為

貴玉若出洋脫劫伏而起起而伏審江渡河蹤跡端

倪晶難着眼龍之結穴更屬元微深山老幹頭羅奔

騰頓跌起伏之情形人所莫曉出洋脫劫變化不測

將到結穴時龍之蹤跡倉急龍之機勢急疾左右從

龍似有追隨不及之狀從眼每因左右牟砂棄而不

取要之真龍結穴之際定不孤行外纏夾護隱之相

從或貼身左右有幛翼陰砂或有羅星圖攔水口此

即為真龍真鳥又為天然龍鳥藏得此穴不拘湖蕩

圩邊風吹浪打之所皆成樂土也

龍神節之顧祖宗如子戀母遠相從若不祖山為正案

另求特案配雌雄百里真龍百里案賓主威嚴真匹配

莫言作案便非龍但是高峰都不賤州朝相拱言填龍之情形相

平洋對三叉案血脈以辨龍之厚失山龍看蔭脈辨

穴情察神氣認生死以定穴之有無乃尋龍之要訣

也所云正案雌雄即蛾眉入懷之類也

辨穴先須辨蔭脈蔭脈乃是穴消息頂上生峰脈頭角

兩旁開帳脈羽翼粗枝出細好花房老蚌生珠光滴之

也有好龍無脈看高岡平阜只粗頑彼零祖宗多脫卸

数節云前骨相定

山龍

辨落脈必先辨開面之大小然後再辨落脈之真假

如不開面而落者不是貫頂定是綳脊此皆山龍之

脈忌如大闊陽面而脈從中出或從結頂開帳落落

有一段陽和之氣者方是真落脈真結頂故云辨穴

必先辨落脈也落脈秀嫩似有似無有呼吸浮沉之

勢氣者此乃辨有穴美穴之消息也山龍凡有落脈

必先起頂亦有未起頂而先落者每有起頂而後落

者亦有從肩落者亦有從腰臍偏旁落者種種不一

老幹生珠等語是言老幹抽枝出脈變有光彩等目

之情狀也另有一種飛脈可尋者必於教節之前脫

索方真出洋脫劫每多如是

大率真脈有二種速脈飛脈精神迥速脈真蹤左本山

飛脈他山俊一濟本山定是結垂頭他山半作抛珠弄

也有飛脈遠數里起伏氣多龍氣美時師只道條氣長

或說羅星水口當堂識真龍曉變化草蛇灰線甚難祥

教君到此須求盡真龍大盡貴非常近山飛脈不孕土

遠山飛脈石中教若無真土卷浮泥想是人工難証取

此章辨真
龍出脈安態

地形相連者為連脈飛脈即渡水穿田之類近山飛

脈雖不論土亦要堅細明亮為佳遠山飛脈伏而起

起而伏渡水過河粗頑之氣已經脫盡必有真土並

有石脈石骨者為最吉也若是石脈又無真土此地

必假所云拋珠垂頭是言飛脈連脈結穴之情狀草

蛇灰線是言龍脈隱微難於言狀故將草中蛇灰線

緣以比之

與君細論石中機石是山精骨髓淋時師只怪石無穴

誰道真龍石始奇真鉗真窩石內藏真龍真虎石飛旁

識得枕棱龍口石千山玉乳灌心香結穴之石此中推

行龍之石脈胚胎不審其中元竅理滿山頑石豈堪裁

試言結穴有二品石穴土穴貴相準石穴端的是窩鉗

慎莫鑿傷龍骨髓土穴太極暈中抱內象分明外象隱

窩鉗土色不須論太極重輪仔細尋真土原來石變化

不同凡土五華文世人鑿穴但求土若逢凡土枉勞神

此節專言石穴石穴多結窩鉗窩鉗之石必須八字

分開即石脈與左右兩砂之石亦要分清主客塊之

此章言石土

二穴真機

山龍

有真情向穴者為的石穴真結定有真土土真其色
自異不必拘拘於五色也如土色頗異者即謂之暈
亦不必拘拘於重輪也果是真結近穴諸石另有一
般神氣色澤宜細察之真土開下二三尺即見其色
自與凡土不同并有開下數尺有小石如魚鱗者有
如冰紋者并有石板一平如鏡者即名枕板石子為
臍蓋石偽見此石斷不可鑿傷尔不可開鑿有殤真
氣其下每有青窩白鶴金雞玉兔之類龜蛇魚蠏之
屬一見諸物斷不能受真龍之全吉矣所言土穴滿

山是石獨下穴之處峯石又有浮面是石開下故尺
是土者有来脈是石貼身起石頂開石鉗而結土穴
者穴之結聚氣多極暈内象言土色重輪之象外象
是左右形局向背之情真土變化不一難枚舉惟
求明亮光潤堅細為的也土有五色以黄為正鑿穴
求土者斷不可拘之於某龍土必某色之說夫龍氣
变化不測土色亦随之而变化山之不同氣之各别
堅潤而有神氣光彩者即青黑鮮真粗鬆潮濕乾枯
而色神者即紅黄必假要之主乎神氣而已何必拘

洋作陽

於青黃赤白之采法耶吾鄉洪雅存太史之祖塋在
北門外數里地名前橋開下尺許土色如墨光彩射
人形方如几儀穴兩棺其餘皆黃色俊葬數甲名垂
於後又有盛盂巖方伯之祖塋在郡之東夏野土色
青如藍靛质坚如石葬後子孫父子兄弟多登科第
位皆通顯此即青黑之吉者可以為証有土山起石
頂而結穴者有滿山頑石石下特起靈巧怪石數塊
而結穴者有平洋起石脈兩三節而結穴者并有坪
田之中特生石峰五六塊而結穴者有石形似牛馬

者有似巧雲者有似春筍者有似日月者有似連珠

者怪巧不可勝計惟摟僕所見者誌之〇大凡結穴

之石必要開面豎立向穴者為妙豎則石性向上開

面向上水從石後必分水分下必有土而且乾暖矣

大忌橫斜冲射橫斜冲射性必向下水不随石而下

下必有水即石性立鼓尺之間斷不能脫盡惟鬼擇

山脚山背之石每多如是

問君下穴有何法正就正下是真訣時師只説冲腦門

每向龍旁尋倚穴精華走失發不全左右偏枯房分絕

山龍

也有真龍偏側走龍是側來穴是正此是龍身一枕頭

結頂要頸巧相稱此是穴之活法言下

正龍正下為專向龍旁尋倩穴者葢也抛空於偏旁

求穴者固非即拘泥於正中求穴者亦非也只要穴

結於旁則旁穴結於正則正穴得宜自笑偏粘之

患矣夫真龍行走之勢情狀不一惟側走偏旁者皆

面易分如回龍顧祖枝幹相朝種之每多側勢行走

之勢雖側到結穴之際或撐身出脈或起頂腰級結

頂要頸之勢却與左右龍屍相稱此乃旁城假主之

语君结顶是真诀披肝露膽向君说龙不起顶非真龙

穴不起顶非真穴结顶名为真穴星穴星圆晕产真金

世间万宝金为贵此是真阳露物形真龙大地皆同體

邊着真金莫放行六有穴星蓋四曜不離金體是真精

此二穴起顶真
穴起顶猿真

真龙起顶变卽是真氣脱胎出脈之所脱胎出脈之

右右自有護带纒送蝉翼陰砂如八字樣護衛两旁

方为真结顶又为真出脈此等蔭脈到頭定结穴星

穴星亦要起頂如穴星不起頂則真氣不聚立穴多

撥故曰非真穴也穴星圓暈是言穴星之形象也起

頂結穴者亦多全體既謂真陽露妙形者是也

至極天元無別說只曉真龍并真穴識得真龍與真穴

天機造化任我奪不得真龍與真穴我師更有方便法

旁枝旁脈有來情只要穴後生一突緊貼穴下作穴星

此法名為接氣訣人丁財祿兩豐盈六堪眾子隆黃甲

君看當今富貴墳大都**接**氣非真結　此章言接氣穴法

來情者脈線之謂也凡突必要來情方為真突用接

氣法葬之自然渡禍但有突而無來情便是假突此

種穴法易扵誤人故特辨之再有雖有來情尔要辨

清來情之背面生死而以用之接氣二字之奧自得

亦有真龍向前行腰間者上有三停湊着龍身下一穴

此作騎龍斬氣名 此亦言騎龍斬氣法

騎龍斬闗是看龍尋穴之法龍有起伏頓跌瀾狹縱

放之撥有開帳起頂曲動行止之情九跌者伏者收

忽束細者此皆龍氣變化分脈分枝自然之撥也古

人所云山峽前峽後可尋龍者此也大地都澤腰裡藏

山龍

東峽也凡過峽束氣之前後腰間脊上稍有動氣情

那峰吸緊沉之嫩脈下穴於此謂之斬氣又名貼脊

真氣將伏未伏之際左右前後從送必有欲前不前

之勢欲止不止之情將起未起之際必有迎前送後

之情形下穴於此謂之騎龍騎龍之穴堂局砂水及

一切用神都以左右之迎前送後者為貼身之輔從

有天然局面者為的也

真龍餘氣本非穴擁背來時氣未絶尚有龍旁一脈垂

是號流神皆可發此人見發祝穴真堂言龍頜刺明月

此等流神不得其穴而得

餘氣流神如能發福也得

偏側分枝有動氣者謂之旁脈流神二字以狀動脈

情形似水之流動也

嘗君受穴緊中粘莫嬌湊煞出球簷得龍脫脈真元散

受水乘風禍不淺以下直指山穴諸法不宜脫氣

立穴之法先看其情形相其動靜察其左右觀其也

雁當於州緊當寬闊寬隨地通宜縱以接氣為佳斷

不可脫龍脫脈山形高低起伏頓跌曲動變化不測

有類龍之情狀者故謂之龍也龍也者變化不測之

謂也脈也者聚精會神之謂也細而軟動而微和而

緩如人之六脈一般有呼吸浮沉之動氣者是也葬

宜得龍得脈為要如弗得龍脈用於偏旁畢水之際

難免受水乘風之患矣

我有其人枕中記訣安葬山諸大忌一一分明告世人

廣渡羣迷長生意第一切忌下空窩空窩積水裏氣多

葬下淤阻骨腐爛子孫絕滅可奈何凡有水淋生大咎

左淋長子先不宥右淋小子少孤甯當背淋來皆莫敖

大凡窩穴必先起乳突而後開窩窩中再生唇起此

為真窩但有窩上乳突下無唇越便是空窩此窩

水必多故以此為第一忌也

穴無貼肉若坐空定有淋漓向穴冲水流割脚猶堪忍

水若淋頭乃見凶 此言山穴忌空窩
忌淋頭平陽忌割脚

貼肉即毬簷之謂坐空非平洋坐水之空謂下穴

於無貼肉之所即為坐空穴無貼肉自有水淋之患

第二切忌下平坦穴居平坦真情散坐後全無貼體星

平坡溿蕩生憂患 此亦言坐穴
忌平坦

平坦必須界水清楚縱有來情穴之丁財亦是徒得

山龍

平曠處筆起伏筆泡筆突筆收筆束又筆貼體星辰

又筆小水界清來脈入首又筆勒氣此謂之真平坦

平坦之地氣散局寬立穴筆接定有蝦蟆水溫風吹

氣散之處加以此為第二忌也

第三莫下天風劫高山頂上空筆穴高而有穴不為空

蓋穴天出真劫然八面風搖骨作塵此是風輪不可說

此章言穴
忌天風

山頂穴貼身左右必須陰砂抱繞石紋拱向藏風聚

氣結成窩鉗之形而有天址局面者為的即看前後左

右之護從必須面之相向山之環繞層層拱曲者為

的也若四勢邊有邊無淫山半向半背貼身又為陰

砂抱繞便是天災劫煞下後災禍立見骸骨易化為

塵故以此為第三忌也〇高山頂上結穴最妙即有

都是神廟仙壇多應結穴孤露而應如是

第四莫下龍脇背龍自他行氣不聚縱然穴後不空虛

墻頭壁下無根蒂　此乃言穴　忌脇背

背即背面之背砂飛水反亦謂之背大凡形反者情

不內顧山背者氣必他行故此山龍平洋凡背俱忌

脇即左右偏斜條氣已秀之案雖立正而真氣不到

即有依山與穴毫㮣不涉故曰墻頭屋下也如貼身

另有小水界清朝來氣則氣聚內堂又有一點真水止

蓄於穴前則氣止有此一止則氣所不止矣主山朝

案雖是借用下之尖能蓄福若脈無水界止蓄

穴之實禍雖不立見子孫定主修行故以此為第四

忌也○以上種々都非的穴之真情似是而非恐人

誤認故特指之

總之真穴少人知只言怪穴不易窺正穴正情原不怪

須將福德合天機　此下言堪輿非怪惟有德者當之

有怪穴無怪龍識得真龍千變萬窮之態方知怪而

不怪之妙矣正穴正情謂龍易識穴易知即瑞頭正

而人之共識之地也查其用法之得失全在乎人之

福德方能湊合天機何況怪而奇者乎

恨殺堪輿薄巻經當年曾有藏鑾名假托曾楊為正訣

不誤蠻夷悮後生

此言堪輿書之誤人由來已久自唐一行造藏鑾經

迄今不悟故蔣公特為指明以醒當世也

山龍

陰陽兩淨卦中來陽龍節之是陽脫陰龍剝換你如此

只取靖純向首排㘞此非力辦術淨陰淨陽之非排

淨與不淨即出卦不出卦之意山左山之卦內水左

水之卦內山得山之用法水之得水之用法此謂之兩

淨又謂之清純如辦龍體之陰陽州以開陽開面者

為陽收束收歛者為陰以論氣運消長之陰陽則又

以長者為陽消者為陰來者為陽往者為陰也如論

干支顛倒之陰陽則又以隨時將陽者為陽隨時將

陰者為陰也斷不是某干屬陽某干屬陰之采法可

如矣

若是嫩就終是嫩乾坤艮成皆英俊若是老龍終是老

巽辛亥艮來為寶此等力辨偽術以巽辛亥艮為嫩乾坤艮成為老之非

龍之老嫩生死是言龍體之形勢活動者為生直硬

若為死秀嫩滋潤者為生粗頑乾枯者為死斷不是

左水到右右水到左掌上排得長生旺衰為生死

也又不是乾坤艮成巽辛亥艮之老嫩也所言老嫩

是氣勢情形之老嫩非方位干支之老嫩讀者莫誤

浪說貴陰而賤陽天下豈龍阿辨少五星只取影中形

九星變化㤚非真〔此㤚陽辨㤚陰〕

此節申言世俗誤認方位五行而論龍體陰陽貴賤

之非即拘五星九星之星體而定貴賤者亦非也

撰出後天生與尅堂解先天大五行先天五行皆生尅

一陽變化皆太極真木原從火裡生真金原是水中出

誥君休尅脫龍木金水火原非逆行生尅之非〔此申辨星體五〕

此言倣術以來龍之星體方位之五行辨來龍來水

生尅之非

更把方隅分五行左迴右特別陽陰生方旺地求高峻

堪笑時師掌上尋

此言諸家五行將陰陽采裝於二十四山再以水之

左来右刼分陰陽而立向消納者甚属可笑豈有活

潑靈動之機隨時变易之理硬派於二十四干支亘

古不移有是理乎

生龍本有生之情死龍亦有死之形生之死之隨龍变

堂左方隔順逆行此辨方位五行生旺墓絶之非

龍之生死是言龍之形勢氣色之榮枯精神之有无

氣運之得失而辨生死非以方位干支而論也

山龍

或取喝形末點穴此是仙人留記訣好穴難將告後人

記取真形揣摹合混沌初分即有山世間萬物後來添

器物衣冠時代異那得生成太古前子微玉髓巧分明

只為峰巒論冠星若說龍胎真有相後人盧揣失真情

此章辨喝形

點穴之非

喝形點穴之法先識龍真穴的再看星體巒頭或有

穴情與形相肖者方喝某形此是仙人指教後學揣

形求穴之法也令人不辨龍之有無氣之生死情之

向背穴之真假一見山形水勢有類龍蜿者即以龍

章仲山嫡傳秘鈔天元五歌闡義

蛻穴法下之有顆生焉者即以牛馬穴法下之有顆

衣冠物件者即以衣冠物件下之隨形下穴拟此牢

不可破之見甚属可笑夫山川之情性變化不測穴

情之隱顯偏正不一豈可拘之一形有失山川千變

無窮之妙耶

山上龍神不下来先賢真訣字明語時師却把水来輪

哀旺順逆紛紛已誰知水法不囿山失水乾龍會上天

直瀉直奔皆不忌蝦鬚蟹眼莫求全　此辨山穴兼論水法之非

山龍蓋以山為主阮以山為主當以山為用是理之

當然也何故不用山而反以水之左來右到衰旺病

絕綠之無巴耶

雲陽本是先天老眾說紛之如電掃盡淚沾襟歌後註

天機洩盡誰人曉

此卷蔣公非為蠻頸而作謂世俗誤聽偽法認真為

假認假為真舉世若盲迷而不悟為害莫有大於此

者故作此歌及辨偽諸篇將假法之所由一之指出

又將山水氣用之法重言以祥辯之耳

天元五歌闡義卷之三

天元五歌三　平洋

天下平洋大地多平陽龍法更如何世人盡失平洋訣

却把山龍涸揣摹

山有山之龍神水有水之龍神山有山之用法水有

水之用法青囊天玉辨之已詳今用水龍之法世人

盡失其傳誤把山龍之法下求乎水故此首章即指

平洋

其辨而於下文申言水龍之體用也○平洋龍法蓋
有數種如山東一帶水深土厚地勢平曠連綿數千
百里起伏行止來蹤舌泛提摸此謂之平原平
原取用之法與山龍葉得水龍者相等惟平原之水
都是田源溝渠之類須從隱之微茫之際看水之聚
不緊再看氣之止不止水聚穴必結於此矢平
原之法雖未盡舉實不外乎此又有一種氣勢雄健
屈曲活動來有蹤去有踪起有頂伏有斷一切行度
有類山龍惟不及山龍之高且大耳此謂平崗平崗

取用之法东以山水兼得為佳如嘉湖地氣平薄水
多氣散地形相連遠者數里近則一里半里而巳即
其起伏高低不過數寸之間此謂之平洋平洋氣散
水渙甚難着眼須從隱之微范之際看其氣之聚不
聚再看水之止不止氣聚水止是謂真結平洋取用
之法原不異山龍異于以水為龍也又有一種龍身
潤大地勢開陽多縱放少收束收則有颣平岡而氣
其結鍊放則似乎平洋又較為精厚去跡来蹤茲可
明白此謂之平陽平陽尋穴之法以氣止水交主賓

相得為要也

平陽原不與山同郭璞分明說水龍水龍一卷從來秘

不敢輕傳洩化工我代雲陽行普渡一言萬古鑿鴻濛

神呵鬼責甘心受造福生民在掌中

此言水龍之法始於郭璞即楊曾亦宗此法恐洩天

機故前人秘而不敢宣也惟我雲陽一片救世之心

竟將元機盡洩造福生民以廣天心仁愛之功鬼責

神呵亦所不計也

山形來蔟有根原大地平鋪一片起首尾去來毫定所

分枝過峽不須言莫把高低尋起伏休猜渡水復穿田

此言山水二龍形體之不同即下穴立向爾山有山

之用法水有水之用法耳

山是真陽神在骨地是純陰精在血山常葬骨不離肉

地惟葬肉不離血人言生氣地中求堂知地氣水邊流

流到水邊逢水界平原浩氣盡兜收（此葬明平洋之穴）（以水為龍與山龍）

朱脈迥異

平洋

大凡龍得水則活氣得水則聚脈得水則清穴得水

則的水行則氣行水止則氣止陰陽自然之理也龍

到水邊又逢水界氣止水交穴必結於此矣所言骨

不離肉肉不離血高山平陽體用交盡于此矣

水龍原不與山龍將水作山以類從水龍即是山龍樣

支幹分行事、同大江大河幹龍形小溪小澗支龍情

幹水漭蕩少真穴猶如山高峯正結支水屈曲情相得

譬若成脇有落脉山性本火主炎上水性純水之潤下

炎上高起是真龍潤下低蓄是朝宗山穴後高丁祿盛

水穴後高絶無蹤自上而下山之止自外入內水之止

山來多止止水真水來多止止貴神若是止形情可穴

頑山頑水盡黃金一以上皆言水龍行度與山龍兩用為依心
以上枝法水龍行度與山龍而用為依心

以其水龍山龍
又其水龍山龍
有其止

此言水龍幹枝行止與山龍一般山龍真結幹枝經

龍必有真止之情形真情之向背真穴之證接此是

凡有止者皆為我用方是真穴水龍亦然神者山有

情水有意體用兼得之謂也

我有水龍真要訣水龍有轉是真結直來直去龍之僵

有灣有動龍之活一轉名為抱穴龍抱穴富貴在其中

二將三特貴不歇四特卿相不須說

此重辨山水二龍老嫩之情狀山以屈曲活動土色
精神背面生死及草木色澤均以滋潤有光彩者為
嫩乾枯者為老也水龍幹枝老嫩則以大水為幹小
水為枝三轉四轉者言幹枝大小生動活潑之謂也
如淇到止交或鈎特抱穴或曲動有情此謂之嫩又
謂之生如僵直淋淺外寬內窄氣到止交氣狹氣淺
此謂之死又謂之老富貴不歇總言三特四特抱穴
曲動之妙也

轉變不分名息道特入分流名漏道惟有息道是真龍

漏道多特總成空轉水不漏皆堪穴不必止雯求盡結

特雯不分謂水不分流也若分浜分枝仍歸一雯消

者此謂蕟源又為来情又名息道切不可因其分浜

分枝謂之漏道也若分雯而有水去者此謂其漏道

二宅均是

盡結原来是龍頸特雯腰腹东粜收龍頸俩側俱精妙

腰腹完全力始悠特結真機

大凡水之所聚即脈之所鑰水神抱繞曲折之雯即

是氣脈傳留止蓄之所此云龍頸腰腹權之皆是平

平洋

洋就水立穴飛邊而角之撞訣也

求全不必水來多一道單纏衆太和要有醬就從外護

魚多魚美酒添酥雛取犀龍為輔佐還從一道作龍窠

別有雌雄兩道交交時卻似馬同槽此是水龍奇秒格

相吞相戀福多饒道務主又言水就結穴以內水一龍氣之穴

貼身抱穴小水不必過多多則易於雜亂又恐脫神

不固抱穴有情愛只須一道即玉帶乙字

之顆抱穴情形有抱養太和氣象者更吉至於面護

佐之水則魚多而魚美若金龍到頸愛仍以一道為

用也又有一種一水從左來一水從右來一雌一雄

兩路相交此是水龍之青褾所云相吞相戀是陰陽

相得之情收果然如是三元不替之吉壤也

水中亦有穴龍星五曜時之現正形五曜只求金土

木星有將水之情真木火星皆晶惡水形吞吐露金精

若応三垣并列宿宮階品職自分明但取穴星親切要

不離金土蘊真靈（此言水
龍星體）

山龍有五星九星正體変體之形水龍只有五星九

星正變之象此云只求金水土者即寶照專取貪巨

武三星是也木星有将水形吞吐是即静中求動死

中求生之意所言三垣到宿謂水龍形體必有雁天

象者要之環抱曲鈎有情者為吉直硬無情者為凶

木火二星形象尖直故忌

五星論定穴應裁三法千秋慧眼開坐水騎龍為上格

挨龍依水尔佳哉向水攀就非不美後山有水始差裹

掛角并兼三法实真親漏道損龍脇穴譯法指水龍裁

随環本於得

水而晶

忌漏道

山龍論結體之五星平洋論水城之五星是祖龍立

穴之要訣也三法即坐向依三法是平洋就水立穴

定向之法坐水向水依水總以得水為先也如坐水

而水弗得非但不能為福即易發禍向水依水亦然

用法即得水道分流亦不能為福也總以體用均得

為佳經云穴要窩鉗脈到宮正謂此也○不拘坐水

向水依水及飛邊而角諸般用法總不離察血脈認

來就對三叉細認蹤補救直達蒹貪兼輔者耳

平洋

龍胎雛固獵入心遠水安墳死氣侵沾着水痕扦貼肉

陰陽交度自生春　此言林龍下　穴貼水為妙

山龍葬不接脈此為脫龍平洋遠水為壙便為離血

太逼恐失穴情太遠又恐水氣不接必須龍水要接

之際陰陽相得之妙為佳大凡山水二龍立穴之法

貴空不接不離惟坐水及金龍到頭者剛又以為近

而為妙也

平原春到好栽花拖注盈虛氣脈除真水短時結氣短

真水長時賓可誇長龍定主源之貴短龍只許富豪家

照穴有情者謂之真水即元辰水是也或溝渠田源

有止蓄情形或本身界水到穴前狩身特朝屈曲活

章仲山嫡傳秘鈔天元五歌闡義

動有此穴真情者亦謂之真水真水者對脈來情云

謂也此水之來必須深遠悠長為貴所謂龍來長短

定枯榮者是也

平氣不如環氣是龍逢特要發萌芽更有一端分別要

淺深濶狹、辨龍車此辨水龍狹遠近長短新勢淺深濶之法

平氣環氣是看水城之情狀而辨力量之輕重也龍

車者屈曲活動旋特抱穴之謂也水神既有屈曲抱

穴情形當辨某方濶某方狹某方向某方背某方來

某方去辨清方位幹枝濶狹重輕遠近長短方可言

六九

向消納從中趨避耳

水若乘車歸秀龍空車湖蕩是痴龍得運痴龍能當貴

外情內氣要相通帶秀痴龍尤顯赫痴龍後陰禍至酷

此章專論湖蕩水龍格法

散蕩無收者謂之痴龍大幹小枝兩水相交屈曲活

勁有潤有狹有收有束者此為痴龍帶秀外情言形

局向背之情內氣言挨星得失之氣要相通者即相

女配夫幹枝大小遠近各得其宜之意也內外二字

其說有二一以幹枝分內外一以體用分內外二說

皆是如論形勢以幹為外枝為內如論體用則又以

體為外用為內要相通者謂形勢體用均歸一路情

性相通也

從來水路後天成不同山骨先天生山骨補培終不難

水脈疏瀹引真情當年筆著修龍法修著之時旦夕靈

莫道人工遜天巧江河淮泗萬功平此法惟憑水上論水龍修龍補

此類體格以下論
水龍理氣作法

山龍本氣培補之法合人勤云接龍甚屬不經水有

疎鑿之理古人設法挑修徑徑取驗然必須去來得

平洋

失細心看難當鑿則鑿當填則填自能取效於旦夕

間也偽不明元空之得失水情之來去胡鬧亂鑿徒

取目前之適觀者是為瞎修非但不能求福必見突

禍於目前也

水龍剖盡骨生香入用元機不可量

元機即隨時變易之元機所謂天心是也茍識此變

易之元機何位何宮倒地翻天之奧三元九運之機

自能了了矣如不識變易之元機設八卦論干支一

切說元說妙都是盲言瞎論堂麻辨得失于毫釐之

際哉

此總結上文數節之意謂水龍幹枝大小曲直動静

生死俱巳剖盡惟入用元機變化不測毫釐千里甚

原元微下文乃全露其機宜細察之

八卦三元幷九曜毫釐舛錯落空亡 此專言三元九曜入用元機即青囊

　　察血脈認來龍對

　　三义細認蹤之意

八卦是言來山來水方位干支之純雜三元是言山

水氣運之消長九曜是言三元九運徃來颠倒之機

補救直達之妙此三者是山龍平洋巒頭理氣之綱

領必須體用合宜山水兼得方為盡善稍有一毫差

錯即是空凶吉中有凶不成美器矣

問君八卦如何取游書大數先天矩五帝三王緯地書

九州九井都經紀（此章推原理氣之所由）

蔣公恐人不信特舉五帝三王九州九井皆宗洛書

此乃推原理氣之所由來也迄用世俗諸書都從干

支上著眼不能領會元空故將洛書錯綜之理九星

變易之機重言以申明之耳

朱子曰天地之化往者過來者續陰陽寒暑晝夜之

變而已陰生陽陽生陰寒而暑暑而寒晝而夜夜而
晝一道之維束而不已也其理不偏不倚常行不易
而成化也理也者形而上之道也生萬物之本也
氣也者形而下之器也生萬物之具也是以萬物
之生必本此理然後有性必本此氣然後有形又云
太極理也動靜氣也氣行理亦行二者常相依而未
嘗相離也理者天之體氣者天之用太極之動靜卽
天心體用之變易也

平洋

只把九龍一卦裝莫憑三八分條理識得九龍龍骨真

骨若不真飛不起　此乎申言三元九運五行顛倒之機　不以干支分順逆者方真一卦真刚

九幗蓗飛乃璧耳

九龍即九運一卦即天心正運之一卦旋特乾坤顛

倒三八都由於此順逆陰陽祇由於此苟能識得天

心一卦之端方知随氣變易之機随时而立之理矣

随时而立九龍之骨方真若拘飞于二十四山分彼

此辯優劣者天心旋特之機何曾夢見耶

九龍八卦貴乘時上下三元各有宜葬着旺龍當代發

葬着平龍發跡遲葬着死龍憂敗絕縱些合根也雞支

不是八神齊到穴出元之局莫相依此言水龍八卦
九龍即九運八卦即八方謂院有九龍八卦自有盈
虛消長之機往來進退之理院有往來進退則三元
九運各有衰旺理之必然者也所云八神齊到者謂
來山去水方位干支坐山朝向山上水裡安之相宜
之意也或體或用一有不合切莫相依

定局惟看貼水城毫釐尺寸要分明 吉凶得失在乎貼
身小水毫釐尺寸
間之

毫釐尺寸是言貼身小水方位干支遠近長短濶狹

重輕之辨此乃平洋裁穴定向之最要者也稍有不

合便咸差錯其可忽乎

更有照神能奪氣外洋光透失宮星

照神者即登穴所見之遠水也有有水而不見者有

見水而光不甚大者有有見水光更兼形勢浩蕩卦爻

錯雜者此謂之光透又名奪氣種種都是小不勝大

近不敵遠輕不敵重之勢如用法遠近大小一有不

合自有吉凶不一之患必須大小兼收遠近得宜為

要能將五吉用於浩蕩錯雜之變者乃為最妙耳

宮星若重平分勢照神若重獨恃衡外照過多分氣亂

必定分房運改更

照穴有情者為照鑾穴見乾水遠照者即是外照又

名照神倘有此水亦要元空得生旺為妙如不得生

旺恐為外照奪氣凶宜制也宮星是言近穴小水

即貼身界水城門之類重輕即大小潤狹遠近之意

如近穴小水得情得力并得五吉三星補救直達之

妙如果則以内水為主外照為賓内外得宜主賓相

得照神雖重非但不為奪氣反有益於用也倘内水

平洋

氣情氣力僵直澌殘獨見此神汪洋數千頃有權有

勢控制於外此又以遠水為主逆水為賓大水為

小水為賓也取用之法在宜大小兼收內外得宜為

要若拘先到先收之見非但不得外此並反受外

照之凶者多矣由此推之水勢之遠近大小輕重多

寡可不察乎〇不遠不遍有規有矩與枝水大小輕

重相稱者謂之巡神巡者照穴有情之謂也如先莲

摩目散亂無收毫芒照穴真情而內水又無權力以

制之則元運不一分房更变勢所必然也

更有水龍真骨髓只將對脈論來情來情若是真元會

諸局參差一半輕轉折短長純雜雲此中消息眼惺惺

此言水龍宮星照神兩氣

棄收之法而歸垂於對脈

來情對脈即水來當面之意既有真脈再有來情再

棄狩折長短却與來脈相稱再棄宮星照神用法一得

宜便是真元會此裏一得諸局之參差至關重與輕

也

三元既辨龍神旺九曜不純龍力喪此是元空大五行

六甲文中應天象納甲五行是一行所造

以混挨星之真者也

九曜即元空大卦之九曜本各有吉用得吉用各有凶用失則凶此云不純者半得半失之謂也天

象云者謂此大元空之九曜猶移顛倒都由六甲運行而如是此章直推大撓占斗綱兩建始定于支

造甲子是三元六甲之始也如初三月明於庚納於

震十六月魄於辛納於巽初八弦於丁即納於兑之

說即是宗廟五行故不書納甲而書六甲

五星二曜特乾坤禀命天樞造化根立天北斗司元氣

在地八卦顯天心

立極中央主宰七政運斡坤與垂光乾紀流通八國
旋轉四時乃萬化之根源也天有四時地有八方天
光地德秋落春榮隨時變易之機均由旋轉運行繼
橫顛倒使然也苟于顛倒中推測則主之陰陽互
在之五行天心一卦之端自能了之笑下文所謂父
母是變易陰陽之父母即天心斗柄是也
四吉四凶分順逆父母二卦顛倒輪
太極兩儀四象八卦即一分為二二分為四四分為
八此即四象八卦之所由來也卦雖分八來絲之氣

平洋

列一故將八卦分作來者四個往者四個來者為順

為吉往者為逆為凶所云四吉四凶分順逆者是也

父母是變易干支之父母二卦即一往一來隨氣運

行遷謝之二卦也隨時變易自有顛倒莫窮之妙矣

向首一星寅孤柄去來二口死生門

一星者是向上所得之一星也向上所得之一星大

關休咎故謂之柄二口卽去水來水之二口來有來

之用法去有去之用法去來各得其宜自能一葬便

興稍有不合卽見退敗由此推之向首之得失水口

之去來可不加意乎

青囊奥岌差非假惟有天玉是真經元空洪範并三合

八曜黄泉枉間津尤恨去來生旺墓害人父母絶兒孫

此力辯諸家
理氣之非非

宗廟洪範黄泉八煞及三合雙山小元空去來生旺

種之都是時師所用之僞法為害於世由來已久蔣

公歷後人耳誤故將諸僞法一一指出

能將九曜為喉舌大地乾坤一口吞　此元空九龍真訣將五行為主

向消納之用者
第不失一也

九曜即貪巨祿文廉武破輔弼之九曜此九曜上應

北斗主宰天地化育萬物周流六虛名有定名位焉

定位隨氣運行隨時而立苟能識得立之陰陽立

在之五行雖大荒內外山巔水涯古往今來無不可

了矣○變易立乎一卦元機立乎六甲縱萬法之紛

紜惟一理之融貫造之精者可以濟世用之久者可

以通神

更說高原峯水地尓有隱穴立其際乘高臨下卽江河

萬頃低田能畜氣高低數尺合三元一旦繁華諸福至

若坐低空立後山數世箕裘常不替

專論高原無水之宜尋龍尋穴之法萬頃甚言低平

寬廣之意有數尺高低為界則氣清脈聚立穴有據

夫能坐低空立後山更兼五吉坐歸穴後自能富貴

不替矣

江北中原平地龍無山切莫強尋蹤雖是乾龍無水道

溝渠點滴有神功隱隱微茫認看水法葬法實與江南同

我向乾流指真水能使上士開心胸 以上言高低尋穴之法及中州無山

平地取乾流為水法
與江南似異而實同

平洋

上節論高原�水尋穴之法此節論平原keywords山keywords水

取用之法又論山下平地依水立穴定向之法種之

都是keywords水為有水keywords龍作有龍之一法也有以低田

低地低一寸為水者有以濬渠點滴為水者有以池

潭溪澗為水者有以高低數尺為水者水雖不同其

用卅一蔣公恐人拘泥故將諸般取用之法一一指

明

高山坦零近平田莫作山龍一樣看莫遇乾流武水際

亦將此法論三元雲陽留得三元訣欲向人間種善緣

此言山脚之穴棄論

水局三元另一格也

此言山下平地依澗傍水蝦鬚蟹眼及溝渠點滴之

類亦宜山水分用即平原氣水之地高一寸低一寸

隱之微茫之水亦要分用即青囊所謂山筅山水筅

水若是也

語君葬水勝葬山葬山歲久氣方還水葬吉龍并旺運

三年九載遽天淵　此章發明山水二龍應驗遲速之理

此言葬水葬山雁騖之遲速所云吉龍指體旺運指

用必須體用各得其宜方能取效三年九載者其言

其迷也

山本陽精中抱陰陰精是水陽内存葬陽得陰陰漸長

葬陰得陽陽驟伸

山岡雖以龍穴為重到真龍結穴之際必有真水以

在之平洋雖以水為主到水神交會聚蓄之處必有

真氣結聚于其間此即有龍自有水有水自有龍乃

陰陽自然之妙也所云得陰得陽即寶照所謂陽水

陰山陰水陽山者此也所謂陰陽動靜山情水意者

亦即此也

楊公昔日救貧法但取三元龍水合王侯將相此中來

年著禪師親口訣杜陵狂客不勝愁四十無家浪白頭

以為尋山貪幹氣蒼苔古道漫瀟瀟水龍一卷贈知己

大地陽春及早收此本之言水龍

此蔣公自言貪求幹龍正結以至頭白身衰正勸當

世之貪求大地者耳即一枝一泡一鈎一曲之小地

只要得穴得用將相公侯無不在其中笑殺人不信

特舉楊公以證之也

天元五歌四　陽宅

人生最重是陽基　却與墳塋福力齊　宅氣不甯招禍咎

骨埋真穴貴難期　建國定都閞治亂　築城置鎮係安危

試看田舍富盈者　半是陽居偶合宜　首句言陽宅與陰地並重若建都立宅益重

�ゆ壞墳

生居吉宅死卜佳城其理一也壞之吉凶蔭左子孫

陽宅

屋之禍福祇在一已故迎承生旺取效目前較陰基
更為切近

大凡門戶行路通風通氣通人往來行動者謂之堪
牆垣壁蔽弗通風弗通氣并不通人往來行動者謂
之興空者堪實者與動者堪靜者與堪與二字辨別
清楚再辨親疎遠近再辨干支方位再辨挨星得失
如是則陰陽二宅胡能指掌瞭然矣

陽居擇地水龍同不厭前篇議論重但比陰基宜潤大
不爭屋麗喜粗雄大河大汪收氣厚涓流滴水不關風

若得亂流如織錦不分元運也專通　此如言陽基龍法

論必取形扁窄乃可窄受宜擇水

多曲折之處即非本元亦可發福

此言陽宅之大局比陰基稍異惟迎神引氣之法與

陰宅水龍一般即地形水勢亦取粗雄瀾大環繞曲

勁者為佳也

宅龍勁地水龍裁尤重三門八卦排只取三元生旺氣

引他入室是胞胎一門乘旺兩門因少有嘉祥不可留

兩門交慶一門休大事歡欣小事愁須用門之多吉位

全家福祿永年夏

宅龍者宅向所得之星也動地即門戶往來行動之
地內戶起遊之法與宅外水法一般故曰水龍裁也
所云排八卦辨三元即排向首一星大元空五行生
旺之氣向首得此生氣方能引領吉氣以進內室一
門兩門者言內戶承氣門之須承向首之生旺也
三門先把正門量後門房門一樣裝
一宅以大門為主內戶門路為用量者是定陰陽分
順逆量度向首一星之休咎也向首院辨再辨上房
門路所承之氣者何也所云門之多吉位者謂都承

正門生旺之方位也〇量者度也是量挨星之得失

非量門之濶狹長短讀者切莫誤會

別有旁門并側戶一通外氣即分張設若便門岀好位

一門獨岀始為強 此專言陽 宅門氣

此專辨旁門側戶謂阮有正門或左或右或前或後

從旁開門者謂之旁門又名側門有可

不由大門而從旁門岀入者此謂之通外氣也即此

旁門亦有所向此向所得星辰與正門一氣者則吉

如走正門之吉方者亦吉一有不吉卽為分張分張

陽宅

者為此奪氣吉凶牽制之意也

門為宅骨路為筋筋骨交連血脈均若是吉門兼惡路

酸漿入酪不堪斟此事言之門路氣脈相連起一如水龍

一宅之吉凶均由門而定故謂之骨一宅之盛衰都

注路而進故謂之筋向首既得吉氣全在吉路引進

也倘門吉而路不吉宜改移吉位必使筋與骨血與

脈一氣貫通方為盡善如吉凶夾雜者何異酸漿之

入酪也〇有門自有路門與路宜相生比和為佳并

以門為主路為賓來往相生為妙如門得生旺門外

來路宜挨門之生旺及一切內戶均宜從外生入切

忌相冲相尅便為惡路然此冲尅非形勢之冲尅是

五行之冲尅讀者宜辨

內路常兼外路看宅深內路抵門闌外路迎神并界氣

迎神界氣兩重關此章言陽宅路氣

此專辨看路之法外路是宅外衛道田塍之類內路

是宅內行動之路內外兩路用法各殊外路宜扶向

首內路宜蓋私門私門氣雖宜用內路吉氣以扶之

所謂內路作外路即此法也宅深內路自有遠近遠

則聚氣不呼應又以近門內路為用也所云迎神界

氣都車遠近中分出近則為迎神遠則為煞氣即外

路看法亦然都從遠近親疎而分休咎也

更有風門通八氣牆空屋闕皆難避若遇祥風福頓增

若遇煞風狹立至 此宅忌陽風氣

專辨城市凹風看法與水法一般

直高下名嶠星樓臺殿宇一同評或立身旁或逼近

餘迴八氣到家庭嶠壓旺方能受蔭嶠壓凶方鬼氣侵

此宅忌陽宅嶠氣

專言迴風返氣之法必須辨清元空之得失嶠壁之

遠近而占驗休咎也城市以牆傾屋缺者為凹風左

右前後鄰屋特高者謂之嶠星所云旺方凶方祥風

煞風均不立形路上看須從元空上尋如村居氣散

頫瞰少輕城市氣聚居驗最速所言生旺是元空之

生旺非生延之生旺讀者莫誤

衝橋衝路莫輕精須與元龍一例排衝起樂宮生價寶

衝起凶宮化作灰　此言陽宅衝氣陽

專辨衝橋衝路取用之法與水龍一般所云樂宮是

陽宅

元空之樂宮非天醫生延之俗說也〇按莫輕猜三

字樂宮因位須隨元空著想不立形跡上尋也明矣

宅前逼近有奇峰不分衰旺皆成凶招頭恐尺巍裁起

泰山壓倒有何功 此言陽宅通氣

恐尺甚言其逼近巍裁起言其太高宅前高而宜通

多凶少吉二宅均惡

村居曠蕩宜攔鎖地水兼門一同取城巷稠居地水稀

路衢門嶠益權司 此言城市鄉村 陽宅之不同

此言城市鄉村宅法之不同鄉居氣散水浜取用之

法向與水兼得為佳城市氣聚并有鄰屋之凹凸高

低街道之濶狹曲直水稀地窄即以凹者低者濶者

曲動者為水直者狹者凸者特高者為山也所云同

權者謂高低多有其用也

一到分房砣氣移一門恆作兩門推有時内路作外路

入室私門是抠機當辨親疎并遠近抽支換象出神奇

此言言陽
宅分房

分房是兩三家同住一宅或一二十家合居一宅之

分房也看法以一家私門為主諸家往来之路為用

故云內路外路捉機私門是也親疎即內路遠近之

屬抽爻換象即物換星移吉凶變遷之義辨即辨內

路遠近安遷之吉凶也即近門內路你有清純錯雜

之辨遠則方位必移方位移則所承之氣自然不一

旅氣不一吉凶安遷自無一定矣

論屋神祠理最嚴古人營室廟為先<small>此等宮神祠宗廟</small>

神廟閭合社之興衰宗祠係一族之休咎地氣形勢

堂局砂水高低層進均與住宅一般惟向首一星尤

為緊要也向首一星宜得官貴文房之氣和平悠遠

之神兼貪兼輔兒孫自多賢良自多孝友切忌頑鈍

之氣剛燥之神副向也即神廟仙壇东同宅內神祠

即祖堂香火其承接之氣固係一家安危當以此為

先也

陽宅

上房內戶門路井竈諸般都吉還以宅中色氣為禍

福之主宰夫宅中色氣不一畧舉其大槩而言紅黄

曉亮者為吉氣鮮潤有光彩者為生氣和暖清明有

欣之氣象者為旺氣惟淡白无光者為退氣黑暗陰

寒者為死氣惟夜乾枯者為衰氣門路雖吉向首雖

旺端見此氣死傷退敗之患不遠矣法宜修理油漆

粉飾布挽回之一法也

夫婦內房尤特重陰陽配合宅根源　此章言內房寢宅歸重於宅主

夫婦內房即宅主之正房此房關繫一宅之休咎所

渥之氣必須彼此相生陰陽相配為合一見冲尅定

主刑傷此總括上文之意謂門戶井竈家堂香火諸

般都吉還以上房內戶所接之氣為主所謂根源者

此也配合者系即此也且大門為一宅之氣口向首

係失閫一宅之盛衰內房承氣繫一房之休咎如宅

主內房承氣得失猶如山龍之入首水法之城門關繫

一家禍福之所故以此為持重也

八宅內門生向空三元衰旺定真踪運遇遷移宅氣改

人家興廢巧相逢 此章言陽宅以大門然向而定吉凶不以坐山而論休咎此即氣口反為初之義而歸重於遷福入宅之時改移修造之運而辨得失加宅有彼此與廢之不同

此專言生宅向空之宅因依術指明某之是戊巳空

亡某之是龜甲空亡陰陽二宅都以此為立向坐宮

之最忌者也海內皆然故特辨之夫八卦九宮四維

十二支是日月五行氣化流行之次舍隨氣推移本

無吉凶本等彼此何故有此吉彼凶之辯耶況戊己

為中央鎮星又為十干之中氣乃至陰至陽乾坤交

媾之交水火金木都藉此戊己為成形顯用之陰水

火金木都不忌而獨忌成形顯用之所何哉歷處吉

来名墓吉宅用此山向者頗多即近時墓宅用之者

尔多其中有吉有凶有衰敗者有富貴者

休者并有即此一宅前人居住不吉而將僧別姓居

之則吉者彼既謂之凶而避之此乃用之而又發福

禍者其故何耶是皆不曉三元衰旺之蹤随時顛倒

機遷移變易之理耳盖空此之向固有斷非此強揆

硬砌者所知全憑閱天地察元空權輕重考順逆所

坐所向雖異乎兩歧之際左右兩交陰陽順逆仍屬

一氣者此謂空而不空主吉又有山向雖不犯戊巳

龜甲之位元空流行之機却犯乎半陰半陽造墓通

達其會此謂之不空而空主凶又有一種所坐所向

雖左戊巳龜甲之地而入用元機興水法之零正若

一毫差錯者亦吉如三元九曜稍有一毫差錯則凶

此即戊巳龜甲之說所由來也○所謂差錯是水口

陽宅

零正挨星五行合不合之差錯倘遇此等先將向首

陰陽五行辨別清楚或當順排或當逆挨再查水之

正神若何零神若何自曉其所以錯不錯之故水口

雖有差錯挨星五行卻合其宜此即五行當分別者

是也

此是周公真八宅莫著大士流傳的天醫福德莫要排

只好遊年斷時日

上二句推原元空大卦之所自來下二句申言遊年

卦例之非遊年卦例本是一行所造以混挨星之真

者也

逢興鬼絕更昌隆遇替生延皆用迫 此延非鬼絕之辨非生

九星顛倒八國特移是鬼絕非鬼絕非鬼絕是鬼絕

縱橫顛倒立立有興有替新非天醫福德新舊八法

此揆物者可知

太歲煞神若加臨禍福當問如霹靂門內間之有宅神

值神值星交互測此是遊年新斷機不合三元總虛擲

此辨辨小遊年翻卦之非必
以挨星之得失乃斷吉凶

太歲臨方到向人之若曉如向上所得之星安間所

得之神世所不知阮曉向首一星之休咎再將值年

值月之紫白加臨向首吉則助吉凶則助凶應驗如

神方知向首得失之真消息矣值星者是向上所得

之星也值神者是值年值月之紫白也此紫白若與

向上所得之星與每間所得之星相生比和者吉相

赶相剋者凶如是則某年吉某年凶過去未来均可

猜測而得此即上文所言遊年翻卦只將占時日之

法悊人再誤故將占驗一一指出

九星屢進論高低間架先天卦數推雖有書傳皆不驗

漫勞大匠用心機　此辨層進間架卦數之非九星

高低層進從術皆以水火木金而定高低乾一兌二

先天卦數而分間架誑書立說言之鑿〻如此呆板

則元空活潑之機湮何窺其消息耶夫高低層進之

法必須細揣五行之生死方位之宜忌高低相稱層

進合宜總不離生旺宜高衰散宜低官貴宜高陰賤

宜低之理耳先將八方五行布就再將宅向所得何

星查准再辨五行之性情再辨星辰之陰陽貴賤氣

運之往來進退如是而論高低層進年所不當矣

陽宅

山龍宅法有何功 四面山圍亦辨風 或有山溪來界合

兼風兼水兩相從 若論來龍休論結 結龍藏穴不藏宮

縱使皇都並郡會 只審開陽不審龍 此辨言山

此節專言山居宅法 亢山有低凹即有風水來去其

問用法風與水一般 若半山半水者用法則異知此

即知山龍亦得水龍之法矣

依言龍去結陽基 此是時師依見庸 欲取陽居釀衆福

山居不及澤居雄

此兩節總言 山居澤居 不主乎穴之得弗得 主乎水

之聚不聚耳即在萬山之中亦以得水為先也

陰居蔭骨及兒孫陽宅氣盪養此身偶爾喬居并窀帐

藿堂香火有神靈蔭著三元輪轉氣吉凶如響不容情

透明此卷天元宅一到人家識廢興此章言陽宅蔭生
人祝陰地更速凡

有機身不
可不察

陰地蔭及兒孫陽居應在一巳卯偶爾喬居窀帐葬

堂香火之間閟著三元消長之機者吉凶如響也

凡二宅之前後左右有見村庄者有見土堆高墩者

有見屋角橋梁者有見神廟紅牆者有見城樓寶塔

者立陰宅為空氣立陽宅即為嶠星種之多能迴風

返氣用得用失雍駛晶速此等先要辨清方位干支

高低遠近再辨元空之得失陰中趨避自無不當矣

惟紅墻與塔趨避之法精異紅墻宜尅宜淺并宜粗

頑之氣塔宜生宜扶并利古貴义秀之神此即用物

付物之一法也

天元五歌闡義卷之五

天元歌五　選擇

地理天時古聖言堪輿二字義相連浪說江南無大地

但取年月日時利真龍大地遍江南也要天時一力參

初年禍福天时縣歲久方知地有權

禍福
當童重

得龍得穴得砂水興道也得日得時得七政堪道也

選擇

地理天時古聖言堪與二字義相連浪說江南無大地
言時內雖不司初年
及地氣虽司初年

堪輿興卽天興地雖曰天時不如地利實則地理天

時二者不可偏廢也如得地而不得天猶播種不得

其時定有枯槁之患如得天而不得地猶男子無室

自無發生之機也由此推之時日之關繫要為切近

可不加意細察乎

諸家魁擇最紛紜拘忌多端誤殺人此家言吉彼家凶

對盡諸書終不同五載三年精一日萬般禍曜總成空

古來天子七月葬士庶踰月禮不曠年月何曾有廢興

日時只好論狂旺春秋葬日滿經書但辨剛柔内外宜

裨竈梓慎俱博物豈昧陰陽誤萬機諸家選擇盡荒唐

斗首元辰失主張奇遁禽眚倒亂不經神授莫精詳

世人魁擇重干支生命亡命苦相持玫使子孫坤犯眾

多年不葬孝心違　此章歷辦諸家選擇之非諸

歷辦春秋葬日辦剛柔分內外論旅旺以證七玫趨

避之法由來已久恐人不信又舉梓慎裨竈古之博

物者證之至奈諸家雜出以偽亂真但曉子平亮忠

七玫采执干支生命亡命苦相持此吉彼凶紛之

不一亮有誤人數十年不能得一吉日安葬其親者

悲乎

豈知死者已矣命反氣入地為後命後命能司造化權

生者命涯葬者定故有仙人造命訣不足干支子平法

渾天寶照天星此是楊公親口訣不怕三煞太歲神

陰府空亡俱抹煞年剋體命有何妨退煞金神皆亂義

一卷天元烏兔經留與人間作寶筏此書直指選擇於天

星可廢一切神煞之說造命天星
欽合再西一切神煞豈不更妙乎

反氣入地謂堰葬以入土時日為後命入土時刻猶

人之生下時刻一般辨吉凶定盛衰都在此一時一

刻之間此一時一刻闊繫兒孫禍福故曰生者命從
葬者定是也○烏兔經有偽本如彼所傳每月初一
初二用羅計等排去者即是偽本不可用

推原天地混沌成惟有日月是真精金烏玉兔本一物
五星四黜從此生人生稟受太陽氣萬物皆是陰陽萌
聖人觀象演歷法干支甲子作天經五行俱是陽中氣
神煞何曾另有名只將日月司元化萬物森羅在掌心

此章言選命天星
以日月時刻為主

選擇

金烏玉兔即日月五星即水火金木土五星與日月

共為七政四炁即水火木土之四餘此四餘有氣無

星默行於天洐此生者謂此五星四炁及一切萬物

俱由日月往來而生天地素心聖人籍意作干支甲

子範圍天地而不過曲成萬物而不遺者也

世間萬物各有命不但生人男女定造物制器可同推

修造葬埋咸取證日月五星大象同一時八刻一移宮

造命元機時作主毫釐千里不相通 此事官等物各有

生人以生下日時為命造制以成器時刻為命葬埋 命貞機立时刻

以入地時日為命蓋物各有命自然之理也一時一

剋者謂七政之行度有違有速一时一宮是言其大

槩也此中言選命之元機立乎時刻一分一秒者謂

日月五星至一息之傳稍有差錯星移度改自有毫

釐千里之謬

先將晝夜別陰陽晝夜晨昏出沒詳十二宮中三十度

大約六度足分疆盈縮授時毫末細量天廣尺未能量

二十八宿七政明論宮論度要分明深則論宮淺論度

一分一秒不容情命入躔宮變五氣日月隨命分五行

五曜四餘扶日月生剋衰旺準天枰最取用星為福曜

心一堂術數古籍珍本叢刊 堪輿類 無常玄空珍秘

有思有用作干城用若奪權為上极忌星一雜福斯輕

此事言十二宮珍度及躔
命宮五行所歸垂於思用

此福用日月之弦先分晝夜晝用太陽夜用太陰晨

昏出沒分至不同亦宜詳辨週天十二宮每宮三十

度六度分疆者謂此六度界於十二宮交界之間昔

郭守敬作授時歷令量天尺盈縮其度緣歲久不能

無差故也二十八宿分布四方分隸七政有宮主有

度主論深残算分秒絲毫不容差錯者也命入躔宮

者是言命主入躔於何宮也命主入躔於何宮即知

命主之躔度知命主之躔度則四餘之恩用自隨命
主而更變卯日月亦隨命主之五行而分者矣五曜
四餘有生剋衰旺恩難仇用之辨如恩用星得生旺
即為福曜又為上格辰星者即難仇相剋之星也一
有夾雜其力自減

用曜一星茇何愛陽時陰候分邊際冬夏二至陰陽極
春秋二分是平氣平氣陰陽用可董猶看晝夜與寅垣
暑過平氣陰陽別當極之時禍福尚陽令惟求金李水
陰令惟用羅與火秋木獨宜水棠李吉土大羅金計土

選擇

春立分後須陰助秋立分後宜陽補此辛禍四時星曜
用忌稱福之變機

夏至一陰生是陽極而生陰冬至一陽生是陰極而

生陽自亥冬至到春分九十日有零陰陽各居其半

此為陽中之平氣暑過則陽勝是當陰助自亥夏至

到秋分亦九十日有零陰陽各居其半此為陰中之

平氣暑過則陰勝是當陽補而云陽含陰含是言氣

候之偏勝也大羅水字是言隨時之取用也種之輔

助之法立乎陰陽和而已矣且水火為中天之大用

夏含以水為用神冬含以火為用神乃得中和之氣

反是則凶

宮辰星體兩兼收度前度後要深求猶向五星探伏現

逆來順去并遲留三方對照緊相隨同宮隔宮一例推

拱夾有情權力大日月交受格尤奇此章補言宮星恩仇諸格正釜之法

先看宮辰星體再求度前度後如日光半經八度半

月光半經朔五度望七度半弦六度三十四分所用

時刻與所坐所向之宮度其光果如得到君五星光

半經大小不等尔宜詳辨要之不拘三合六合拱照

夾照及到山到向等須在日月五星光所照及之度

度前度後尤當深究次察其伏現退留若何相冲相

會若何假如子宮安命先查子午宮次察申辰宮三

方對卯者若何以推休咎也然則星有同宮而異度

者有隔宮而同度者重度不重宮故曰一例推也如

拱夾星曜有情權力更大果然日月兩曜交受其光

尤為奇格

身當旺令不須恩但將用曜作根源平峇獨恩難發達

衰時得令尚嫌恩以恩為用真至寶以難為用多顛倒

以恩為忌壽而貴以難為忌身不保雖合之法恩用

身者即安命之謂也旺合即合時合令之星辰也果

當旺令何用生扶惟取用星為最妙耳如立平合專

用一個恩星旅立呂助每難為福必須諸吉扶佐為

要如衰時得一恩星尚為可取假如冬令以火為用

神命立子丑土宮火又為恩星是以恩為用最吉若

命立丙酉金宮火空為難星是以難為用時起時倒

興慶不常須得一土星化之方妙如夏令以木為恩

命立土宮是以恩為忌者是也冬令以土為難神命

立水宮此即以難為忌者是也種種均忌安命之法

選擇

蓋以太陽加時順行逢郊即為命宮又云生造以逢

郊為命宮葬埋以逢酉為命宮此說尔是

本宮端的發初年宮若不純須舍旗必取宮身俱妙合

長安花滿任揚鞭然中暗曜最難知空地翻同實地司

寅戌兩宮光立午丑亥兩曜子中依此法兼言暗曜安枚之

本宮指坐山而言如戌山辰向火為宮主星身者即

命宮主星也坐山所得星辰與命宮所得星辰均要

生扶旺相為妙非但本宮要合即三合六合揆夫暗

曜度首度後短知長多實亦要得宜既言光立子午中

依者此皆用曜之法也翻同寶地云者如本宮立午
午宮無吉星寅戌兩宮有吉星其光即射午地如子
宮無吉星丑亥兩宮有吉星其光即夾注於子地是
也

更有橫天交氣法寅申度九十有曜亥中思巳丑卯宮有一
二十亥未圍短長多寶度中移此專論橫天交氣法兩
度借亥卯酉三宮為例也

橫天交氣即弦巳夾此拱此三合六合此之類所云

寅申亥未種之足用時剋前後以湊天星之法也

果老星宗此的傳星書卷之失真詮諸般格局皆虛假

升殿入垣莫掛牽此等辯星書諸般辯非

做傳果老星宗升殿入垣諸般格局都假惟此乃是

真傳

日逢晦朔皆為福何必瞻光三五圓但忌陰陽當薄蝕

此章言薄蝕
經天宜忌

七日之内勿爭先太白晝見經天日難忌洪实恐失權

月若光借日之光故不以晦朔辯優劣也即日

月之原本天行度使然多閱禍福然為地球所間隔

而攬其光是太陽太陰極否之象故當避太白即金

星其氣肅殺其性陰慘立東方居太陽之前為太陽

制服六賊為福以立西方居太陽之後到午即為經

天其氣縱放晶易為禍幷忌與火星對照及同宮

日魂月魄命之根五德五星雁五倫掌握乾坤惟此理

璿璣經緯治斯民劉公昔日佐真主建國行軍掃大荒

無奈歷古多失學增添宜忌漫平章天元秘寶令朝聞

傳與羲和佐盛唐　天官歷法有大作用

自西漢以來星書實多有傳有失惟

聖朝採用西法

　選擇

御定數理精蘊七政經緯

頒行天下考之已往傳之將來洵可為萬世不易之良法

也

宗陽五曲歸天元雖是人為實至言普願智愚咸解悟

故將俚句廣流傳一句一聯包數義通之便是地行仙

其中奧旨須尋味慎句著訛累後賢此唁然禍極為政

此緣結上文謂此五歌淺者極淺深者極深委之闡

發天玉青囊之至理必須細心參考方能由津而及

深由近而及遠矣

編號	書名	作者	說明
62	地理辨正補註 附 元空秘旨 天元五歌 玄空精髓 心法秘訣等數種合刊	【民國】胡仲言	貫通易理、巒頭、三元、三合、天星、中醫
63	地理辨正自解	【清】李思白	公開玄空家「分率尺、工部尺、量天尺」之秘
64	許氏地理辨正釋義	【民國】許錦灝	民國易學名家黃元炳力薦
65	地理辨正天玉經內傳要訣圖解	【清】程懷榮	秘訣一語道破、圖文并茂
66	謝氏地理書	【民國】謝復	玄空體用兼備、深入淺出
67	論山水元運易理斷驗、三元氣運說附紫白訣等五種合刊	【宋】吳景鸞等	失傳古本《玄空秘旨》《紫白訣》
68	星卦奧義圖訣	【清】施安仁	
69	三元地學秘傳	【清】何文源	
70	三元玄空挨星四十八局圖說	【心一堂編】	
71	三元挨星秘訣仙傳	【心一堂編】	蓮池心法 玄空六法門內秘笈 清鈔本
72	三元地理正傳	【心一堂編】	過去均為必須守秘不能公開秘密
73	三元天心正運	【心一堂編】	公開秘密 與今天流行飛星法不同
74	元空紫白陽宅秘旨	【心一堂編】	
75	玄空挨星秘圖 附 堪輿指迷	【心一堂編】	
76	姚氏地理辨正圖說 附 地理九星并挨星真訣全圖 秘傳河圖精義等數種合刊	【清】姚文田等	
77	元空法鑑批點本——附 法鑑口授訣要、秘傳玄空三鑑奧義匯鈔 合刊	【清】曾懷玉等	鈔孤本
78	元空法鑑心法	【清】曾懷玉等	
79	曾懷玉增批蔣徒傳天玉經補註【新修訂版原(彩)色本】	【清】項木林、曾懷玉	三元玄空門內秘笈 清 門內秘鈔本首次公開
80	地理學新義	【民國】俞仁宇撰	
81	地理辨正揭隱(足本) 附連城派秘鈔口訣	【民國】王邈達	揭開連城派風水之秘
82	趙連城秘傳楊公地理真訣	【明】趙連城	
83	趙連城傳地理秘訣附雪庵和尚字字金	【明】趙連城	
84	地理法門全書	仗溪子、芝罘子	巒頭風水，內容簡核，深入淺出
85	地理方外別傳	【清】熙齋上人	巒頭形勢、「鑑神」「望氣」
86	地理輯要	【清】余鵬	集地理經典之精要
87	地理秘珍	【清】錫九氏	巒頭、三合天星，圖文並茂
88	《羅經舉要》 附《三合天機秘訣》	【清】賈長吉	清鈔孤本羅經、三合訣法圖解
89-90	嚴陵張九儀增釋地理琢玉斧巒	【清】張九儀	清初三合風水名家張九儀經典清刻原本！